Encuentra
tu estilo
para cada
ocasión

Encuentra tu estilo para cada ocasión

CONSEJOS DE AMIGA

Chantal Thomass

ONIRO

Título original: *Trouvez votre Style: conseils d'Amie*
Publicado en francés por Flammarion, Paris

Traducción de Josep M. Pinto

Diseño de cubierta: Daniela Mion-Bet

Ilustración de cubierta e interiores: Chantal Thomass, con la colaboración
   de Fabienne Waks

Distribución exclusiva:
Ediciones Paidós Ibérica, S.A.
Mariano Cubí 92 – 08021 Barcelona – España
Editorial Paidós, S.A.I.C.F.
Defensa 599 – 1065 Buenos Aires – Argentina
Editorial Paidós Mexicana, S.A.
Rubén Darío 118, col. Moderna – 03510 México D.F. – México

© Flammarion, Paris 1998

© 2000 exclusivo de todas las ediciones en lengua española:
   Ediciones Oniro, S.A.
   Muntaner 261, 3.º 2.ª – 08021 Barcelona – España (e-mail:oniro@ncsa.es)

ISBN: 84-95456-23-0
Depósito legal: B-27.321-2000

Impreso en Hurope, S.L.
Lima, 3 bis – 08030 Barcelona

Impreso en España – *Printed in Spain*

ÍNDICE

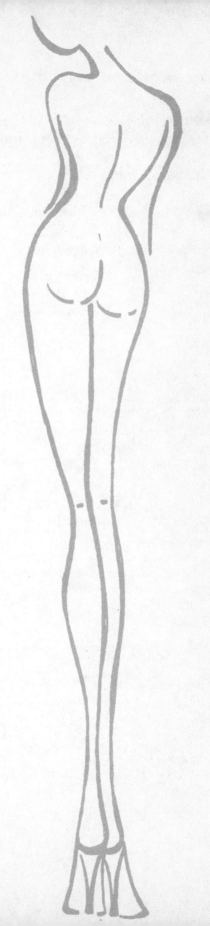

Prefacio

Mi estilo soy yo, ambos somos indisolubles. Y hoy me apetece compartir mi experiencia y mis ideas con todas las mujeres. Porque una creadora no vive sobre un pedestal, alejada del común de los mortales. Al contrario, la vida, el aire de la calle, el aspecto de las mujeres alimentan la inspiración. Sin complicidad, sin generosidad, la moda suena a hueco.

Me gusta la sinceridad, y también la impertinencia. Nunca me resisto a incluir una dosis de pimienta, incluso una pizca de guindilla. Es mi naturaleza, que me impide tomarme totalmente en serio. Por eso me he mantenido cerca de las mujeres, de sus anhelos y de sus preocupaciones. Me gusta ayudarlas a estar más bonitas. Insuflarles un toque extra de locura me apasiona. De hecho, el estilo no rima con convención o con cánones rígidos. Tu modelo eres tú misma. De ahí el interés de inventar y mezclar para crear una moda en primera persona del singular. Nunca he querido doblegarme ante los códigos. La vida es mezclar, ensamblar, diversificar. Cuando era adolescente pasaba el jueves por la tarde y los fines de semana estudiando las revistas de moda y explorando tiendas. A la edad en que mis amigas se pasaban el día leyendo revistas de niñas cursis, a mí me apasionaba *Elle*. En aquella época nunca se me ocurrió que la moda sería mi profesión; simplemente quería vestirme de otro modo, escapar de aquella uniformidad tan pesada. La moda joven no existía. Las niñas sólo podían lucir falditas plisadas y zapatos de charol, como protagonistas modélicas de novela infantil. En cuanto a las adolescentes, se veían reducidas a encarnar el modelo de sus madres, atrapadas entre la moda, que por aquel entonces me parecía «anticuada», y la confección. ¡Qué triste! Para salir de esta monotonía, comencé a inventar mezclas, a combinar. Incluso logré transformar el uniforme de mi colegio de monjas: llevaba una falda pantalón azul marino y calcetines largos blancos en lugar de la sempiterna falda plisada y los calcetines cortos. Me paseaba por los mercadillos o el rastro para encontrar tejidos originales, y luego dibujaba modelos que mi madre, que por suerte cosía muy bien, me realizaba.

Al salir de la adolescencia tuve una hermosa oportunidad, la de encontrarme en Saint-Tropez. Era la gran época de finales de los sesenta, cuando esta localidad hacía la competencia a Carnaby Street a la hora de crear y lanzar todas las modas y tendencias. Por entonces no tenía mucho dinero, pero intentaba destacar con mis atuendos originales y a veces extravagantes. Y sin embargo, la competencia era dura, con un número récord de estrellas y *starlets* por metro cuadrado.

Creaba vestidos para mí misma, para mi propio placer, sin el menor propósito de hacer de ello mi profesión. Un día, alguien me aconsejó que los vendiera. Así empezó todo, y lancé mi primera marca, Ter et Bantine. Y sin embargo, no tenía experiencia ni sabía los trucos del oficio, pero poseía una fantasía, un toque especial, a la vez diferente y lúdico, en un momento en que la moda era muy rígida. Por otra parte, ante todo creaba lo que me apetecía llevar, una moda adaptada a mis 20 años, para mi propio gusto y mi propio cuerpo. De hecho, fui mi primer maniquí.

Poco a poco, el estilo juvenil de Ter et Bantine me fue cansando. Ya no se adaptaba a mí, pues yo había evolucionado hacia un tipo más mujer, más refinado, con un gusto más pronunciado por los materiales de calidad. En ese momento comencé a adoptar mi sello en mis prendas, a reconocerme en ellas de forma total. Naturalmente, seleccioné, descarté, suprimí los modelos demasiado extravagantes que ya no me correspondían.

Hoy en día se me conoce y reconoce sobre todo como creadora de lencería. Y sin embargo, no exploré estas prendas hasta 1975 aproximadamente. En este terreno lo que me atrajo, una vez más, fue la falta de propuestas, por no decir el vacío: nunca encontraba lo que me gustaba. Así que me puse manos a la obra para inventar. Jugué con las prendas superiores y con las inferiores, desvelando y velando con encajes, con transparencias sensuales. Me inspiré tanto en la silueta de principios de siglo, con su corsé, sus volantes, sus cintas de tul, como en las estrellas de Hollywood de los años cincuenta. Tuve ganas de reinventar este lado tan femenino, esta sofisticación que, por aquel entonces, había desaparecido. El arte del creador consiste en adivinar antes que los otros. Yo sentía que las mujeres deseaban regresar al *glamour*.

Ciertamente, aprecio mucho lo espectacular, y no desdeño la excentricidad. Como buena Virgo soy sensata y loca a la vez; a lo mejor me ha guiado mi signo astrológico. Siempre me ha gustado conjugar sensatez y locura, rigor y humor. Porque vestirse es darse gusto, antes que nada, ponerse de buen humor por la mañana y crear un personaje por la noche. ¡Debería ser un juego, y no un calvario!

Aunque siempre he inventado e innovado, mi estilo no ha aparecido como por arte de magia. A los 20 años llevaba de todo, formas ceñidas u holgadas, ropa corta y larga, negra y de colores. Luego encontré mi peinado, y adopté el negro. Supe entonces que ya no podría prescindir de él. Poco a poco, de forma casi inconsciente, efectué una elección, conservando lo que se conjugaba mejor con mi físico y mi modo de vida.

Tuve la gran suerte de poseer un don, el de inventar lo que quería llevar, ya se tratara de vestidos, lencería o medias negras.

Entretanto, aunque me estaba sumergiendo en la moda, no había definido con tanta rapidez mi estilo de trabajo. Lo normal es titubear, probar, experimentar antes de lograrlo. Sobre todo, es preciso no ceder al desánimo.

Es cierto que muchas mujeres no saben elegir; no consiguen encontrar el estilo que les corresponde. Otras piensan haberlo encontrado, pero el resultado no es mejor. Finalmente, algunas no se plantean el problema: se visten por obligación, porque no es costumbre salir desnuda a la calle. Y sin embargo, arreglarse, acicalarse, forma parte de los placeres de la vida, como comer bien, distraerse o enriquecerse culturalmente.

La indumentaria es la primera imagen que damos de nosotras mismas, el principal elemento de representación. Desde luego, no reemplaza a un cuerpo bonito o una cara hermosa, pero proyecta una personalidad. Por ello, es mejor elegir de forma coherente con lo que tenemos ganas de ser, con el mensaje que deseamos enviar a nuestro entorno. Es preciso sentirse bien dentro de la ropa de cada una, pues la actitud cuenta tanto como el físico, si no más.

Obviamente, con un cuerpo de ensueño todo está permitido. Con un físico imperfecto, se trata de encontrar la ropa que palie los defectos disimulando las imperfecciones. ¿A quién no le apetece hacer un esfuerzo por «arreglarse», por embellecerse? Son raras las que cultivan una auténtica distancia o un rechazo a este respecto.

Lo que voy a ofrecerte son mis consejos cómplices para crear un estilo, con el fin de facilitarte la vida y, así lo espero, iluminarla. Seas más o menos joven, delgada o redondita, puedes encontrar tu felicidad y la línea que te sienta mejor.

Te entrego también mis trucos y recursos para ganar en tiempo y en belleza. Aunque, lo confieso, a veces olvido seguir mis propios consejos. Nadie es perfecto...

Primera
parte

¿Te
has mirado bien?
¿De frente y de perfil? ¿De
arriba abajo? El espejo de
cuerpo entero es indispensable
para verse por todas partes y juzgar
objetivamente nuestra silueta. Para no
olvidar ningún detalle, lo ideal es
disponer de un espejo en tríptico; así
podremos jugar con los tres cuerpos para
observar la espalda y comprobar que el pelo
no cae en mechones desordenados o que no
se nos marcan las bragas. Procura colocar
bien el espejo, en primer lugar para
procurarte una iluminación suficiente y,
luego, con el fin de disponer de espacio
suficiente para alejarte de él. No sirve
de nada pegarse al espejo. Para el
rostro, no hay nada que
sustituya a un espejo de
aumento... ¡aunque
sea despiadado!

¿Qué es el estilo?

Seguir la moda no constituye un fin en sí mismo; es necesario adaptarla a lo que nos agrada, a nuestro gusto, nuestro modo de vida, personalidad y físico. En esto consiste encontrar nuestro estilo. Rara vez lo logramos de entrada, sino poco a poco, buscando, a medida que nos vamos formando.

No se suele encontrar en la adolescencia. Es la edad sin obligaciones, en la que todo está permitido; nos tomamos nuestro tiempo buscando, entregándonos a múltiples pruebas. Nos inclinamos por el estilo de nuestras amigas, si lo que queremos es ser como las otras, o bien intentamos desmarcarnos, si lo que preferimos es señalar nuestra diferencia. No hay tabúes para un cuerpo joven con la piel suave; podemos mostrarlo sin vergüenza, dejar el ombligo o los senos al aire.

A menudo, el espejo es el compañero predilecto de las adolescentes. Son incontables las horas que pasan mirándose, escrutándose, con la consiguiente inquietud de los padres que no ven con buenos ojos tanto narcisismo. Y sin embargo, no hay nada más normal que el hecho de que una chica se vaya conociendo a sí misma. Además, mejor aprovechar estos años jóvenes, pues más tarde, el tiempo se muestra avaro y no nos permite dedicarnos seriamente a este cara a cara con el espejo.

Poco a poco, una mujer evoluciona y va encontrando sus referencias, sus marcas, las va afinando y va reconociendo de entrada las prendas con las que se siente bien, con las que se encuentra realmente hermosa. Este proceso también pasa por la selección: se trata de eliminar los vestidos que se han puesto una sola vez, y no dos.

Al fin, llega el día en el que domina una sensación de bienestar, de acuerdo perfecto, que nos señala que ya lo hemos conseguido. Lo comprendemos de inmediato. Y también se ve en la mirada de los demás, de quienes nos aman.

Y luego, con el tiempo, llega la hora de

ir con cuidado. La lucidez es primordial, pues la alarma no se desencadena de forma automática una vez se ha pasado cierta edad. Pero hoy en día, las mujeres de cincuenta años ya no son abuelitas, envejecen mil veces mejor que hace treinta y siguen siendo seductoras y elegantes. Y tal vez se conserven mejor que los varones cincuentones que antes parecían sus hermanos pequeños. Basta con evolucionar lentamente, con serenidad, olvidando de forma paulatina las faldas cortas o los escotes exagerados. Por mi parte, desde hace tiempo he abandonado los jerséis hasta el ombligo y los shorts.

Pero la moda actual puede llevarse de los 17 a los 77 años. Una joven vestirá una chaqueta sobre una minifalda, una mujer más madura se pondrá la misma chaqueta, pero con un pantalón. Se trata de adaptar la moda de manera sutil, compensando los defectos de la edad con materias nobles, cortes refinados, accesorios originales. Tal vez comprando menos conjuntos y más prendas de buena calidad. Sobre todo porque el desaliño es más chocante entre las mujeres maduras.

La mujer ideal, si existe, se viste en relación con su cuerpo, su físico y su modo de vida. Ya no se trata de una cuestión de edad.

Yo y las otras

Lo esencial es encontrar el estilo propio, sin intentar adoptar el de la amiga, la vecina o la madre de cada una.

Para ello, tienes que contar contigo misma, y luego con la gente que te quiere. Escucha lo que te digan, sabiendo que las amigas no siempre se atreven a criticar de forma abierta. ¿Hay algo más desagradable que anunciar a una amiga que su nuevo vestido es una catástrofe absoluta porque le marca cruelmente sus «excesos» y oculta de modo inexorable sus atractivos? A menudo, la reprobación se muestra mediante el silencio; la ausencia de comentarios, los silencios, deben funcionar como una señal de alarma desde el momento en que nos ponemos un vestido nuevo. Es preciso adivinar la crítica, a menudo implícita, y aceptarla, sobre todo si no nos sentimos seguras.

En cambio, es necesario desconfiar de

los hombres. Con frecuencia, su gusto debe tomarse con reparos, y su relación con la moda no siempre es todo lo actual que querríamos. Y además, su imagen de nosotras a veces está bien alejada de la realidad. Se muestran terriblemente convencionales en la materia, con una idea bien definida de la mujer, en ocasiones debida a una fijación en el estilo de su madre, o en el de sus sueños de «vamps» devoradoras de hombres. Debemos convencerlos de que tenemos razón.

También tenemos que saber discernir entre los consejos, incluso si son bien intencionados. La mueca de disgusto de tu madre puede no ser el mejor criterio, si su gusto se encuentra a mil leguas del tuyo.

En efecto, es frecuente estar en desacuerdo con nuestro entorno; a veces nos juzgamos irresistibles con un conjunto que disgusta a quienes nos rodean, o bien nos sentimos atrozmente incómodas en un vestido que entusiasma a los demás. ¿Quién no se ha sentido disgustada alguna vez al oír que su mejor amiga le susurra: «Deberías vestirte así más a menudo», cuando estamos ansiando ir a cambiarnos en aquel mismo momento, convencidas de que no podemos tener peor aspecto? Te encuentran sublime con un vestido ceñido y tú, en cambio, sólo tienes un deseo: que te trague la tierra para olvidar tus complejos. De hecho, es frecuente obsesionarse con un defecto prácticamente invisible, o no estar nada a gusto en un vestido extraordinario que rompe con tu estilo habitual.

Potenciar lo mejor de sí misma

Algunas mujeres no sienten este tipo de pudor, aun cuando estén lejos de poder aspirar a participar en un concurso de top models. No se esconden y asumen sus defectos potenciándolos. Bravo por aquellas que llevan mallas de fantasía ajustadas sobre sus pantorrillas bien redondas, o faldas cortas con rodillas patizambas. Han optado por olvidarse de sus complejos, y eso está muy bien.

Otras, la mayoría, prefieren desvelar lo mejor que tienen y disimular sus «partes» menos favorecidas. Es preciso jugar con nuestros «atributos» para que éstos atraigan la mirada. Cada mujer ha recibido un regalo de la naturaleza, algo agradable, particularmente bonito: se puede ser rellenita pero tener unos hombros sublimes o un hermoso escote, tener las caderas anchas pero piernas finas, un trasero bien redondo pero una cintura de avispa... En relación con el cuerpo ideal, todas tenemos algo que potenciar.

En realidad, a muchas mujeres les cuesta formarse una opinión acerca de sus bazas y sus debilidades. Así que ¿cómo arreglárselas entre lo que está bien y lo que no lo está tanto? Es preciso mirarse bien, aprender a conocerse. Para ello, se trata de juzgar lo más objetivamente posible el cuerpo de cada una. No para deprimirse o autofelicitarse, y sin que se convierta en una obsesión, sino para saber lo que nos va bien y lo que no nos va tan bien, o incluso lo que nos está fatal. Una vez hayamos efectuado este «balance», podremos elegir con total libertad, según el momento y el humor.

Todas podemos cometer errores, ceder a momentos de locura en los que nos sentimos atraídas de forma irresistible por materiales, colores y cortes que resaltan sobre nuestro cuerpo. Queremos de todas todas ese jersey magnífico que otorgará a nuestra tez cierta palidez, o aquel abrigo de cuello grueso que se nos comerá la silueta, cuando a lo mejor apenas medimos 1,60 m. El error, en pequeñas dosis, es humano. Pero se convierte en un problema más grave cuando una mujer se deja seducir de forma sistemática por cosas que no le van. ¿Problema de masoquismo o de gusto? En efecto, hay quien puede considerar que afearse, vestirse en contra del sentido común y de cualquier criterio estético, es un placer travieso. En general lo hacen de forma consciente, rehusando voluntariamente toda concesión a la seducción.

Para consolarte por no haber heredado un físico ideal o unas piernas a lo Cyd Charisse, debes saber que las más bellas, aquellas a quienes la naturaleza ha mimado de forma particular, se especializan en la invención de defectos. A menudo, cuanto más cerca se está de la perfección, más severo es el juicio sobre una misma. Cuando nos enteramos de que numerosas maniquíes se consideran, con toda la sinceridad del mundo, verdaderos cardos, podemos decir aquello de que nunca estamos contentas.

Cuando hayamos encontrado nuestro

estilo, es preferible serle fiel. Si dudamos, si navegamos, el resultado que solemos obtener es un armario lleno de vestidos que no casan ni en pintura, de elementos dispares. La vida se acaba complicando. Es mucho más fácil cuando se han definido algunas reglas que, obviamente, podemos saltarnos cuando nos plazca...

Personalizar los vestidos

Para comenzar a forjar tu estilo, un buen método es el de confiar en marcas que te transmitan confianza. Una mujer alta, del tipo *businesswoman*, sin miedo a los reproches, puede inspirarse con toda confianza en el estilo Mugler. Otras se inclinarán más bien por el ambiente Sonia Rykiel, Armani o bien Tehen para las fanáticas del punto. Centrarse en una marca procura de entrada cierta seguridad. Con posterioridad, se trata de alcanzar un estadio superior. Una vez se han adquirido las bases, es preciso imaginar combinaciones para imprimir tu sello a los vestidos, insuflarles tu personalidad. El objetivo no es convertirse en la copia exacta del maniquí del

RUBIAS Y MORENAS

Muy pronto se adivinan cuáles son los colores más apropiados para nuestro cabello. De entrada, el azul y el verde le sientan mejor a una rubia. Se trata de un código que podemos transgredir cuando vamos muy maquilladas o somos muy sofisticadas.

• Los colores cálidos y vivos (amarillo, rojo, naranja) dan chispa a las morenas.

• El naranja despierta a las pelirrojas, pero no casa bien con todos los matices de este color de cabello.

• Los colores pastel, el gris, el beige, el marrón y el violeta iluminan a las rubias y vuelven más sosas a las morenas. En cambio, el rojo, el negro y el blanco no cometen discriminación alguna, y van bien para unas y otras.

• En general, los colores cálidos son más agradecidos y también más fáciles de combinar. Un rojo, un rosa o un salmón van bien a juego con un azul o un verde.

• Los colores suaves —el beige, el crudo y los tonos pastel con dominante gris— combinan particularmente con el cabello gris o blanco, así como con los tonos dorados y plateados.

• El dorado y el plateado suelen requerir un maquillaje

RUBIAS Y MORENAS

sofisticado,
a menos que se lleven
en verano, cuando estamos
bien morenas.

• En efecto, el bronceado cambia
totalmente las reglas. De ahí el interés de
no encerrarse en dogmas y hacer una
locura de vez en cuando.

• Los cabellos no lo son todo, y la piel también
cuenta mucho: una morena puede tener una piel
muy blanca, como Isabelle Adjani, o una rubia
puede ser muy morena de piel. Por otra parte, no
todas las rubias son dulces criaturas ni todas las
morenas bombas sexuales en potencia. También
podemos tener cabellos claros y desear vestirnos como
si estuviéramos dotadas de una cabellera de
azabache. En cualquier caso, una morena con tez
clara resaltará particularmente con colores oscuros
(negro, rojo, marrón y azul marino), y será
furiosamente romántica con tonos pastel. A una
rubia de tez morena le irán muy bien el blanco y
los colores vivos.

• El color de los ojos también es importante:
una morena de ojos negros dudará antes
de vestirse con un jersey azul o verde
oscuro.

• Tampoco olvides el color de tu
lápiz de labios; evita el rosa
pálido si llevas una
camisa roja.

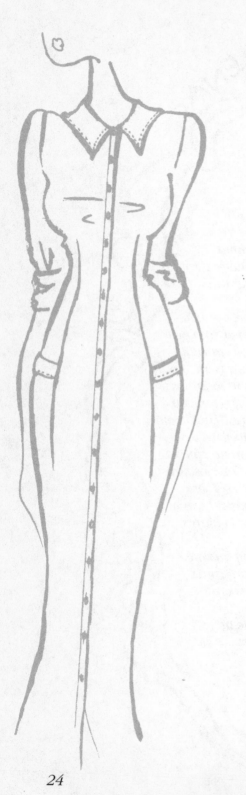

escaparate o de transformarse en un anuncio ambulante de tal o cual creador, vestida y engalanada con una sola marca de la cabeza a los pies, puesto que el *total look* perjudica la originalidad. La personalización se construye mediante la mezcla de colores y accesorios —cinturón, joyas, zapatos, medias— que completan y afinan el atuendo. Por ejemplo, las joyas étnicas visten y modifican un vestido; un par de guantes puede transformar un abrigo.

Estos accesorios son los tuyos, dan tu toque a las prendas, las «visten» a tu propia medida. Es ese «algo más» que te permitirá ser totalmente diferente a la mujer que te cruzas por la calle, aunque lleve el mismo traje chaqueta. El estilo también pasa por el peinado, las actitudes, la manera de ser, de moverse. El vestido forma parte de todo ello, incluso puede decirse que es la pieza principal del rompecabezas. Una vez hayas ensamblado de forma artística todas las piezas, te gustará tu aspecto.

Una mujer sin estilo definido no tiene por qué ser necesariamente de mal gusto. Se puede optar por un estilo ecléctico de forma voluntaria. Es una elección que puede defenderse, siempre que resulte elegante. El jersey negro y el traje chaqueta de franela constituyen·un conjunto perfecto, si nos gusta este estilo. No hay razón para rechazar el género clásico si corresponde a tu espíritu. De hecho, en todas las colecciones, incluso en las de los modistos o creadores considerados más extravagantes, siempre hay series de vestidos clásicos y fáciles de llevar. Sin embargo, debes ir con cuidado, porque el clásico de hoy en día no es el mismo que el de hace una década. La moda impregna todos los atuendos, incluso los más convencionales.

La falda azul marino recta y la blusa a rayas rosa con cuello de encaje hace tiempo que han caído en el olvido. Actualmente, esta manera de vestir ya no significa ser clásica, sino tener mal gusto.

En armonía contigo misma

Comienza por seducirte a ti misma, por apreciarte en lo que vales. Si te sientes bien, sabrás que puedes gustar a los demás. Para ello, basta con encontrar la confirmación en las miradas.

También se encuentra el propio estilo en armonía con el modo de vida y los gustos. Una deportista se guardará de adoptar un género ultrasofisticado y no se arriesgará a torcerse los tobillos con tacones altos.

El estilo nunca es neutro, puesto que lo que tenemos en el corazón es la imagen que queremos dar de nosotras. Las hay que intentan parecer más maduras, con la esperanza de que las tomen más en serio en el trabajo. Otras se visten como sus hijas, pues se niegan a envejecer y se quedan estancadas en el estilo de sus veinte años. Por último, hay mujeres, por fortuna la gran mayoría, que intentan simplemente sentirse lo más acordes posible consigo mismas.

A menudo una mujer adopta su estilo a los treinta años. En primer lugar, se considera más hermosa que a los veinte. Ha encontrado su profesión, realiza sus elecciones vitales y sabe lo que quiere, lo que ama y lo que odia. También ha cometido errores y ha acumulado experiencias. En un momento dado, sabe que sabe más. Yo encontré mi peinado a los treinta años. Y a los treinta y tres adopté el negro como principio de mi guardarropa.

segunda
parte

*Pásate
tres horas delante del armario
cuando comience cada temporada (en
septiembre, marzo y mayo). Objetivo: probarlo
todo, agrupar y combinar tus prendas. Así te
acordarás de tus principales conjuntos: lo que va bien, lo
que combina a la perfección o no casa ni en pintura. Si te
pruebas una vez cada prenda la grabas en tu memoria.
Obviamente, deberás probarlo con los zapatos para juzgar
las alturas de tacón convenientes y las longitudes de
falda más adecuadas. Realiza la operación
tranquilamente, lo cual te evitará hacerlo por
la mañana, a toda máquina, antes de
salir de casa.*

¿Cómo vestirse?

¡Comienza un nuevo día!

Empezar con buen pie

Cada día es diferente, pues nuestro humor varía si nos despertamos con facilidad o más bien quisquillosas, según las preocupaciones de la víspera o las que tengamos en perspectiva. Algunas mañanas sólo queremos vestirnos rápida y simplemente. Otras veces nos sentimos más inspiradas y, sin dudarlo, dedicamos tres minutos de más a esforzarnos para vestirnos. Todo depende de la imagen que deseemos dar de nosotras mismas.

Son pocas las mujeres que preparan sistemáticamente su vestuario el día antes.

Sin embargo, cuando tenemos que levantarnos más temprano de lo habitual, es una precaución útil, e indispensable para quienes estén adormiladas cada mañana y pasen las primeras horas del día en una auténtica nube.

Yo prefiero dejarme guiar por una parte de espontaneidad, salvo cuando tengo que coger un tren de madrugada. Mi vestuario depende tanto del tiempo interior como del exterior, de mi humor como de la meteorología.

Detalles importantes

¿Por qué no comenzar por los «detalles»? Todo nuestro atuendo puede estar condicionado por un accesorio o por un par de zapatos que deseamos llevar absolutamente aquel día. Pueden servir de detonador, de arranque y de hilo conductor.

Para mí, la lencería y las medias son tan importantes como el vestido. Dan el tono. La elección del sujetador determina la silueta del día. Si queremos enseñar las piernas, optemos por medias transparentes. Y si preferimos disimularlas, mejor que elijamos las opacas. Quienes prefieran escoger en primer lugar la ropa «exterior», cuidado con la elección de la lencería, ya que nunca es neutra. Es preferible ponerse de entrada un tanga si optamos por una falda o un pantalón ceñido antes que elegir unas bragas que marquen. En caso de error, no queda más remedio que librarse al fastidioso rito de desvestirse y volverse a vestir, con el ojo fijo en el reloj y los pies enredados en las medias.

Despertar melancólico

En caso de mal humor, la salvación reside en el disimulo. Ante todo, buscamos huir del cara a cara con el resto de la humanidad, y no tenemos la menor intención de ver o de que nos vean.

En previsión de estos días grises, debemos poseer en nuestro vestuario prendas comodín: un jersey grande de un material bonito, acanalado o con franjas trenzadas, y un pantalón ancho de hombre, que otorga un buen porte. También podemos arrastrar el mal humor con una

falda discreta, un conjunto jersey-chaqueta, medias opacas y mocasines.

El humor de perros no es contradictorio con la elegancia; nada impide seguir siendo «chic» en momentos como éstos, ni tampoco llevar medias finas y tacones altos que anuncian el buen humor, las ganas de seducir y la buena forma.

Lo esencial es disponer de elementos de base con los que nos sintamos cómodas, seguras; el jersey grueso, la camisa grande de punto o de gasa, el pantalón suave, la falda larga, optando siempre por el género de punto, los materiales fluidos, simples, confortables.

De hecho, bastan tres o cuatro prendas, que podrás conservar de un año para otro, para salvar el tipo cuando la idea de hacer un esfuerzo te parezca insuperable.

¡Pero tampoco caigas en el look andrajoso! La tentación induce a vestirse de cualquier manera cuando no estamos en forma, para acentuar abiertamente el malestar o por simple masoquismo. Mejor guardar estas ansias para las depresiones de verdad, para cuando aparentar ya no importe. Vestirse es encarnarse, otorgarse inconscientemente un personaje ideal. La mejor solución es la de no tener cosas horrorosas en el armario, lo cual limitará el posible desastre. Pese a todo, siempre podemos realizar combinaciones apocalípticas si tenemos imaginación aun estando de mal humor.

Por otra parte, ¿por qué no podemos jugar con el negro, encarnando a la estrella oculta o a la heroína de serie policíaca, con un gran jersey, un impermeable largo y gafas negras? Podemos escondernos montándonos nuestra propia película.

En plena forma

Si nos despertamos de buen humor, frescas y peripuestas, entonces sí tenemos ganas de poner de relieve todos nuestros atributos.

Si optamos por un bonito escote, es mejor cuidar la elección del sujetador y llevarlo bajo una camisa abierta o un jersey abierto.

Si lo que podemos lucir son las piernas, sobre todo no te prives de medias finas y de zapatos de tacón alto. Potencia lo que

más te guste de ti. Cuanto mejor sea tu humor, más ganas tendrás de llevar accesorios. En esos momentos, deseamos que nos vean, nos admiren, seducir al mundo entero.

El guardarropa básico

El guardarropa no es un concepto virtual; debe corresponder a tu físico, a tu modo de vida y a la manera que tienes de seguir la moda. No obstante, existe cierto número de elementos básicos ineludibles, tanto si mides 1,50 m como 1,80 m, si usas una talla 36 o una 46, si te inclinas por un estilo atrevido o por el clasicismo absoluto.

Es importante, y también económico, guardar las prendas básicas, pues pueden volver a adaptarse de modo diferente de un año para otro.

❋ PRENDAS DE INVIERNO

La estación fría puede parecer la más larga del año. Es necesario tener un armario surtido de manera inteligente, sobre todo en este período.

ELEGIR EL VESTUARIO DE UN VISTAZO

Adapta a tu casa el método que se utiliza en los desfiles. Consiste en extender los vestidos como una panoplia, sobre la cama, sobre una butaca o en una percha. Así se puede ver todo el vestuario de un solo vistazo: prendas interiores, exteriores, hasta el abrigo y los zapatos. En seguida vemos nuestro aspecto, juzgamos con una ojeada si el conjunto es coherente, si el jerseicito combina bien con el pantalón o la camiseta con la falda, lo cual evita que nos equivoquemos, sobre todo por la mañana cuando los minutos están contados. Es mejor dormir un cuarto de hora de más.

• En cuanto a los *trajes chaqueta*, se deben prever al menos dos, con falda o pantalón. Para disponer de dos modelos totalmente distintos, mejor que elijas uno de corte muy femenino, con falda recta y chaqueta entallada, y otro más masculino, en tweed, o uno negro, más *chic*, de tipo esmoquin.

El look femenino-masculino es un gran clásico que suele funcionar: la camisa blanca bajo un traje masculino, con corbata si te atreves. El toque de femineidad pasa por los tacones altos, el escote o simplemente el peinado.

A pesar de su reputación, un traje de hombre no va bien tan sólo para las mujeres altas y desgarbadas. Si está bien proporcionado, puede sentar bien a todas las mujeres. Las más bajitas deben elegir preferentemente una chaqueta ceñida.

• Se necesitan dos modelos de *camisas*, una grande, blanca o de color, y otra ceñida, para ponerla bajo la falda o el pantalón. Rehúye las grandes sisas, para no perder tiempo intentando pillar las mangas cuando se las haya comido la chaqueta y arrancándote los hombros.

• Por su simplicidad y su lado práctico, las *camisetas* blancas son insustituibles. También podemos encontrar camisetas de materiales sofisticados, de punto, de seda o de viscosilla. Hoy en día existen materiales sintéticos formidables... no todo se reduce a la seda.

• Un *body* de cuello alto y manga larga es perfecto para el invierno.

• Tampoco olvides un bonito *jersey* de lana, de cuello redondo o de pico, liso o a rayas. O un gran jersey de franjas trenzadas, de tipo marinero o de felpilla. Pueden funcionar a la perfección bajo una chaqueta y evitan que te encuentres envarada.

• El *vestido* puede llevarse fácilmente en invierno con una chaqueta encima, como una falda y su correspondiente prenda superior.

Piensa en la *falda larga*, o en su derivado, la falda cruzada, para los días en que no quieras cuestionarte nada.

• Varios *pantalones* sport (de pana, tejanos, de tela caqui o beige).

• Una *pelliza* o una parka.

• Un *abrigo*, del tipo gabán grande, elegante y práctico, que podemos ponernos

EL RETORNO DE LAS PIELES (VERDADERAS O FALSAS)

Las prendas de piel, que han desaparecido durante quince años, vuelven. Pero que no se inquieten los amigos de las especies amenazadas, pues se trata tan sólo de pieles de criadero. Durante este largo eclipse, las pieles han vuelto a buscar un lugar bajo el sol, y hoy ya no funcionan como un signo de reconocimiento social. Ya no se llevan para vestir bien, lo cual está totalmente desfasado, sino de modo desenfadado y sport. Se lleva un abrigo de piel con pantalones y zapatillas de deporte o botas. ¡Cuidado! Dado que no es costumbre pegar sobre los vestidos una etiqueta que rece «piel de criadero», todavía nos pueden atacar por la calle, lo cual resulta bastante desagradable.

Si la inversión te parece demasiado elevada, decídete por la piel de imitación. Y si aún te parece excesivamente cara, nada te impide transformar tu abrigo del año pasado añadiendo un cuello o puños de piel, o bien optar por un lindo bolsito.

¿CORTO O LARGO?

El abrigo corto de
tres cuartos es perfecto
para las mujeres bajitas,
siempre que la falda no sobresalga
dos centímetros por debajo. La
proporción que debe respetarse entre
el abrigo y el vestido es, al menos,
de siete centímetros.
Una mujer alta también saldrá favorecida con
esta forma de abrigo, que en su caso parecerá más
bien una chaqueta larga.
El abrigo largo, muy estético si eres esbelta, es muy
bonito tanto sobre vestidos cortos como largos.
Siempre, una vez más, que respetes las
proporciones con el vestido. En cambio, no siempre
es práctico para caminar.
El abrigo ceñido con cinturón se lleva más corto
que largo, pues de otro modo puede parecer un
batín de estar por casa.
El abrigo trapecio corto es ideal para darse
un toque de color. En cambio, evita un
abrigo largo rojo o verde oscuro
para que no te confundan
con la compañera de
papá Noel.

sobre el traje chaqueta sin ahogarnos. También podemos optar por la pelliza larga, tan práctica de día como de noche. Además, puede servir de manta durante los viajes...

• El *impermeable* depende de la vida que lleves. Si abusas del coche, su utilidad es discutible. Por otra parte, un pequeño impermeable de hule negro o rojo, o un gran guardapolvo de nilón pueden surtir su efecto.

• Una *cazadora*, que puedes usar los fines de semana, como todo lo que ya está un poco superado.

❀ PRENDAS DE VERANO

Vestirse en verano a menudo acaba siendo un rompecabezas. ¿Cómo podemos evitar derretirnos de calor sin tener el aspecto de irnos a la playa? ¿Cómo nos mantendremos presentables cuando el sudor está a la orden del día? ¿Cómo no parecerse a un saco a última hora de la tarde? Durante el día, inclínate por la fluidez y las prendas holgadas, y reserva la ropa ceñida para la noche (un tejido rígido, como un vestido cúbico estilo Courrèges, no siempre favorece).

• Opta por el *vestido*-camisa larga, agradable de llevar y muy práctico. Para un aspecto más informal, decídete por el vestido sin mangas. Si prefieres un estilo más elegante, adopta un vestido Jackie Kennedy, tipo años sesenta, aunque éste siempre requiere bonitas piernas.

• En verano se puede jugar con el folclore, llevar prendas que nos hemos traído de vacaciones, como por ejemplo la chaqueta china de algodón o la *túnica* india.

• Piensa asimismo en la *chaqueta* sin mangas, o en el *chaleco* largo de hombre sobre una camisa que contribuye a sofisticar tu aspecto.

• O bien en un gran *cárdigan* de punto, que puedes llevar sobre un vestido largo. Es menos cálido que una falda y un jersey y no corta la cintura.

• El *jersey* pequeño es muy práctico. También puedes optar por un jersey largo de punto, como una túnica. Si te cubre las nalgas, favorece tu silueta, pues da una

VARIAR LO DE DEBAJO

Algunas mujeres nunca llevan traje chaqueta, otras se lo ponen como uniforme de trabajo. Si lo llevas todos los días, mejor que tengas dos o tres. Pero para no parecer la misma de lunes a viernes, es necesario variar lo que llevas debajo: juega entre un jersey, una camisa y un top tipo bustier, *que puedes reservar para la noche. La falda negra es esencial para realizar nuevas combinaciones con tus trajes chaqueta.*

LAS MANGAS

Una camisa con las mangas recogidas siempre será más elegante que una camisa de manga corta, que otorga un aspecto de estar por casa.

impresión de fluidez. Es muy bonito si lo llevas sobre una falda larga o un pantalón ancho, o bien un pantalón pitillo.

• El *traje chaqueta* de manga corta puede socorrerte a veces si hace calor, en caso de una cita profesional de cierto compromiso.

• En todos los casos, debes prever una *chaqueta* sin forro.

✱ VESTIDOS DE NOCHE

Esta noche tienes que salir... Primera preocupación: ¿cómo no parecer totalmente desfasada?

• Para estar segura de que no vas a desentonar (demasiado elegante, o no lo bastante), insiste con el negro: opta por el *vestidito oscuro* con medias transparentes y escarpines y, entre los accesorios, algunas joyas, todo ello bajo una chaqueta que puedes comprar en un mercadillo o en el rastro.

• La *chaqueta de esmoquin* también es un acierto.

• Piensa asimismo en un hermoso *chal*, que puede transformar una chaqueta «normalita».

• Si eres más tímida, elige el *pantalón negro*, con una hermosa blusa o un top tipo *bustier*, que da un toque de brillantez.

• Si tienes un temperamento más atrevido, decídete por el *traje chaqueta* con la cintura estrecha, un vestido bien ceñido tipo Alaïa o la armonía de colores ruda, estilo Lacroix.

• También puedes jugar un poco más fuerte, luciendo en el exterior la ropa interior, por ejemplo, el *vestido combinación* bajo una chaqueta de corte.

De esta manera no te parecerás a la emperatriz Sissi cuando las otras invitadas se entreguen a un rock endiablado en atuendo pospunk, ni a la pobre huerfanita preparándose para el baile de beneficencia en el hospicio.

• Puedes elegir igualmente el *sport chic*, si te sientes segura, llevando un enorme cuello alto de lurex, una chaqueta con perlas y una bufanda de muselina.

Adaptarse a las ocasiones

Todo ello depende también del estilo de cada velada. Si dudas, llama a tu anfitriona

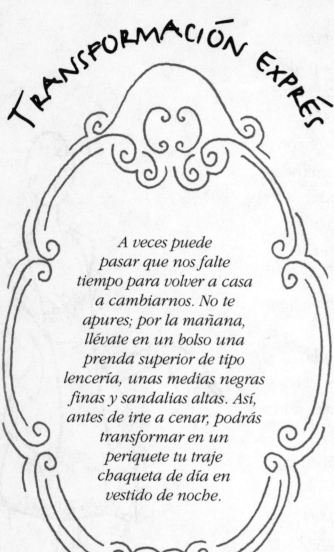

TRANSFORMACIÓN EXPRÉS

A veces puede pasar que nos falte tiempo para volver a casa a cambiarnos. No te apures; por la mañana, llévate en un bolso una prenda superior de tipo lencería, unas medias negras finas y sandalias altas. Así, antes de irte a cenar, podrás transformar en un periquete tu traje chaqueta de día en vestido de noche.

para informarte acerca del grado de elegancia que se requiere. En efecto, no es lo mismo vestirse para una cena para seis que para una velada para veinte. Si no quieres tentar a la suerte, opta por la sobriedad. Lo peor siempre es amigo del exceso. Si estás desfasada, no pasa nada siempre que lo asumas. No te preocupes; respiras hondo y te dices que eres la más bella de la velada, o al menos la más original. Ante todo, es preciso parecer segura de ti misma.

• Cuando se ha previsto que haya *baile*, debes planificar tu «desvestido». Si estás envarada en un traje chaqueta de tafetán abotonado hasta el cuello, te quedarás relegada junto al bar. (Como consuelo, debes saber que es el mejor lugar para conocer a alguien.)

Así que, si te gusta bailar, debes prever el atuendo idóneo: un vestido simple y sexy, bajo una chaqueta un poco larga.

Cuando el ambiente se caldee y te sientas a tus anchas, sácate la chaqueta.

• ¿Te han invitado a una *cena*? Es inútil sufrir sin razón; no sirve de nada llevar tacones superaltos. Nadie los verá y podría pasarte que acabaras descalza bajo la mesa, agotada por los calambres y sin ninguna garantía de volver a poder calzarte a la hora de los postres.

Inclínate más bien por el escote, que podrá verse todo el rato durante la cena. De todos modos, ten cuidado con el aire acondicionado o las corrientes de aire; el vestido ceñido tipo *bustier* puede convertirse en un suplicio y provocarte un resfriado. Siempre deberías prever un chal, aunque sea poco práctico para comer. Envolverte en él constituye un gesto bien bonito, pero más indicado para el teatro. Las mangas anchas tampoco son recomendables, pues podrían terminar empapadas de gazpacho.

• ¿Te toca participar en una velada de pie, del tipo *cóctel* de sociedad? Es el momento de lucir las piernas y de optar por las medias transparentes. Para esta ocasión, no dudes en ponerte un traje chaqueta *chic*.

• ¿Estás preparándote para ir a la *discoteca*? Prevé un calzado confortable, pues nadie verá tus pies entre tanta gente. Y vístete como una cebolla, con varias capas, ya que a menudo la temperatura en los night-clubs es tórrida.

• Llévate siempre unas medias de recambio en el bolso; no hay nada más feo y desagradable que pasar la velada con una carrera en las piernas. Te sentirías como un pingajo, convencida de que el mundo entero se está fijando en tus malditas medias.

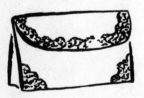

• Evita los gastos inútiles: comprarse un abrigo nuevo para asistir a una velada es una inversión perdida. Nadie lo verá, salvo quien abra la puerta o la señora que se encargue del guardarropa.

• Si bien el sombrero no es indispensable en absoluto, sí puedes ponerte guantes largos de noche, en silencioso homenaje a Rita Hayworth. Cuidado, los modelos antiguos pueden desteñir, con el riesgo de encontrarte involuntariamente tatuada, con los brazos y las manos negros.

✼ PRENDAS PARA DESCANSAR

Aunque el chándal ya no se usa por la calle, y mucha gente se ha agotado corriendo con él por el bosque, sigue siendo una prenda útil en casa. Es preferible hacer un esfuerzo y elegir un modelo adecuado. No sirve de nada dar un espectáculo triste paseándose en un chándal deformado, con la cabeza dentro de la capucha. Puedes optar por el lado *sportwear junior* (jersey sudadera recto) o por el chándal de pana o de guata. No te fíes de su mala reputación: algunos cortes de chándal están la mar de bien.

✼ PRENDAS NOCTURNAS

• Para la noche, pijama, camiseta o camisón corto; tu elección depende de la temperatura ambiente y de la naturaleza de tu compañía. Es raro ponerse un picardía cada noche, a menos que seas extremadamente constante o cultives una adoración por el género «baby-doll». Lo más práctico sigue siendo una bonita y confortable camiseta. Piensa que también puedes reciclar tu vestido-camisa o tu

vestido-camiseta del verano anterior, que pasará sin dificultades de la playa a la cama. Para las frioleras, sólo hay una solución: el pijama de hombre bien afelpado.

• Para el fin de semana en casa de amigos, llévate un albornoz de punto de algodón, un pijama de hombre o un bonito quimono para sentarte a la mesa con toda tranquilidad para tomar el desayuno.

• El albornoz es el regalo ideal que puedes hacerte cuando vas de viaje; en lugar de traerte vestidos folclóricos que muy pronto acabarás relegando al fondo de tu armario, ¿por qué no te compras un bonito albornoz de la India, un quimono del Japón o una chilaba de Túnez? O si no, con un simple billete de metro o de tren, puedes ir a comprarte un pijama chino en una tienda especializada de tu ciudad o del centro más próximo.

❀ EL CALZADO

Un buen par de zapatos es indispensable para la comodidad. Basta una mala combadura o un tacón mal

proporcionado para fastidiarte el día
o, aún peor, la velada.

Los «básicos» son:

• Un par de zapatillas de deporte
para tus momentos de relax.

• Zapatos planos (mocasines
o con cordones) confortables
pero elegantes, que pueden
combinar con todas las prendas.

• Escarpines para afinar la
silueta por la noche en invierno,
y babuchas o sandalias en
verano.

• Muchas mujeres llevan de día
zapatos planos o de tacón medio, o a
veces con suela de plataforma, que
constituyen una elección práctica siempre que
esté acorde con su estilo y su manera de vivir.
La comodidad es lo principal, sobre todo
cuando debemos correr para coger el autobús.

• Para el invierno, un par de botas o
botines que sujetan el tobillo y combinan
tanto con un pantalón como con una falda.

• Para el verano, además de las
ineludibles zapatillas de deporte, también
son agradables, así como ideales para la
ciudad, las zapatillas de bailarina o los

EL TOQUE DE BETÚN

Para conservar los zapatos en buen estado es conveniente introducir hormas que eviten que se comben. De otro modo, la punta puede levantarse. También debes darles betún. Si eres realmente alérgica a este trabajo, puedes agruparlo y hacer todos los pares de golpe, una vez por semana.

zapatos abiertos. Sin olvidar las sandalias planas para las vacaciones.

• En cambio, las sandalias abiertas no son recomendables para la vida urbana. Si no resistes la tentación de llevar los dedos de los pies al aire, procura tener las uñas y los pies impecables, aunque todo ello está más indicado para la playa que para la oficina.

❋ EN TUS MEDIAS

Hacerse con una buena reserva de medias permite tener a mano tanto lo necesario como lo superfluo, sea cual sea tu atuendo:

• Varias medias *negras más o menos transparentes*, siempre con un par de reserva.

• Unas medias *negras opacas*.

• Unas medias de color *carne* o del mismo color que la piel de tus piernas. Cada mujer debe encontrar las medias de color carne más cercanas a su tez, para dar un efecto invisible cuando tiene ganas de enseñar las piernas.

• Para variar, piensa en un par de color *gris ahumado* y en modelos *fantasía*, rejilla,

ZAPATOS A MEDIDA

A menudo
compramos un par de
zapatos de verano cuando
vemos el primer rayo de sol y lo
guardamos cuando vuelve a
llover. A veces, dos meses más tarde,
nos los ponemos de nuevo y aprietan
demasiado. Evita probártelos con
medias y elígelos más bien grandes.
Piensa que cuando hace calor puedes
llegar a calzar medio número y hasta un
número más. Si adquieres una talla
demasiado justa, correrás el riesgo de
tener los pies embutidos en los zapatos,
lo cual es más bien feo.
Vigila también los zapatos con
cintas o con el empeine
apretado, que pueden
formar antiestéticas
hinchazones.

encaje o lo que esté de moda en el momento.

• También es prudente prever un panty *faja*, que hace un vientre más liso. Siempre es conveniente tener uno en tu cómoda. Dado que permite reducir 2 cm de cadera, equivale a lo que hayamos podido ganar ciertos días...

• En la familia de las *medias «milagro»*, también existen modelos que comprimen las cartucheras y otros que suben las nalgas. En cambio, no es aconsejable usarlas todos los días. Por ejemplo, es inútil estar comprimida con unas medias que alisen el vientre cuando hayamos decidido salir con una camisa ancha.

• Las medias clásicas *de contención* están recomendadas para las mujeres que tienen las piernas pesadas por culpa de los problemas de circulación. Como aprietan mucho, contribuyen a hacer ascender la sangre y proporcionan un efecto de masaje.

• Cuidado con las piernas desnudas durante el calor estival. A menos que se tenga una silueta divina, una piel sin el más mínimo defecto y un bronceado impecable,

es poco conveniente pasearse con las piernas al aire por la ciudad.

¿Medias o pantys?

¿Prefieres los pantys porque te sientes más libre de movimientos? ¿Te inclinas por las medias porque te sientes más «mujer mujer»? Las dos tendencias tienen sus adeptas. De todos modos el sentido común indica que lo mejor es la coexistencia pacífica. Son raras las mujeres que tienen ganas de ponerse un par de medias cuando se levantan, antes de preparar el desayuno a los niños. Esta operación, banal y cotidiana hasta los años sesenta, se ha convertido hoy en la excepción, vinculada a la seducción pura y dura, y que requiere por ello cierta preparación.

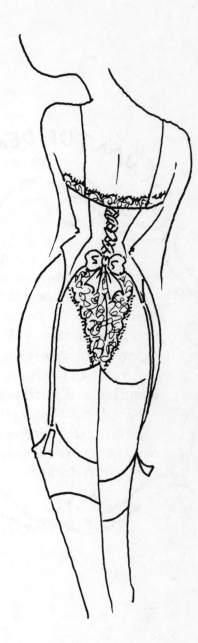

• Más allá de toda referencia a la sensualidad, a algunas mujeres no les gustan los pantys porque se sienten comprimidas en las caderas y el vientre. Por ello se encuentran más cómodas con medias y un portaligas ligero. Pese a todo, es preciso adquirir cierto dominio para evitar encontrarse con la media enrollada en torno a la pantorrilla. Se trata de mostrarse experta en el arte de enganchar bien las medias. Sin intentar imitar a Marlene Dietrich, un gesto refinado no compromete a nada. No puedo evitar pensar en los millones de hombres y de adolescentes que han fantaseado ante la idea de este simple movimiento.

¿CUÁNTOS DENIERS?

Cuanto más grueso es el hilo de una media o un panty, más deniers tiene. Un par ultraligero para el verano es de 8 o 9 deniers. Un panty fino tiene unos 15 deniers. Uno semiopaco alcanza entre 20 y 40 deniers. Finalmente, un panty opaco supera los 50 deniers, y puede llegar a los 70 deniers.

• En verano, cuando los pantys se vuelven insoportables, ¿por qué no pruebas las medias que se aguantan solas, bastante más ligeras en caso de calor? Si las primeras pruebas no siempre fueron concluyentes, con un gran número de caídas intempestivas hasta el tobillo, la calidad ha mejorado mucho. Buena noticia: las medias que se aguantan solas se aguantan de verdad. Con dos condiciones: en primer lugar, no estar esquelética, pues están concebidas para muslos de contorno medio. Segundo, no untarse con una gruesa capa de crema corporal, pues las medias no podrían adherirse a los muslos, ya que la silicona queda neutralizada por la grasa... Sobre todo, deja tu striptease para

CONTRASTES DESAFORTUNADOS

• *Las medias negras con zapatos blancos o beiges. Aparte de esto, la media negra combina con todo.*

• *Los zapatos blancos con un vestido oscuro.*

• *Las medias blancas con prendas oscuras. Combinan únicamente con un juego de beiges.*

• *Antes, las reglas eran estrictas, y ciertas combinaciones de colores se proscribían, sobre todo el naranja y el rojo. El colmo del mal gusto era llevar un jersey naranja sobre una falda roja. Ahora se considera como un bonito acorde.*

Algunas mezclas que antaño eran impensables ahora parecen naturales, pues hemos ganado en libertad. En cambio, las mujeres deben dar muestras de más discernimiento, pues disponen de un mayor margen de maniobra, por lo que es más fácil equivocarse. En efecto, siempre es más simple actuar dentro de un marco, respetando los códigos. En caso de dudas, es mejor evitar arriesgarse y permanecer en las combinaciones básicas.

más tarde: cuando te las quitas, dejan marcas poco elegantes en los muslos.

- Ya se trate de medias o de pantys, las diferencias de precio responden a las materias empleadas, la calidad de los acabados y el punto. Por ejemplo, una lycra 3 D presenta un hilo más sólido y la media se sitúa de modo uniforme sobre la pierna sin hacer rayas.

Las materias más suaves y más sólidas son necesariamente más caras, pues el hilo es de mejor calidad, así como su torsión. Del mismo modo, un bonito elástico en la cintura, una pieza de algodón entre las piernas y unas costuras finas en las puntas de los pies aumentan el precio del par.

Atención, las medias son de distintas tallas según las marcas. Es prudente probarlas antes de comprar varios pares.

En las pantorrillas

Muchas mujeres no soportan llevar una media bajo un pantalón. En este caso son necesarias las medias calcetín, siempre que se tomen algunas precauciones: subirlas hasta la rodilla para que no se

SIN COMENTARIOS

Si no te has depilado, no tiene sentido que te pongas medias transparentes; opta por las opacas o directamente por el pantalón.

enrollen de forma lamentable en el tobillo y se vean bajo el pantalón. El efecto es más bien antiestético. Luego, sacárselas en primer lugar cuando nos desnudamos, puesto que la silueta en bragas y medias calcetín no se halla clasificada, que digamos, entre los cánones de belleza. Finalmente, elegir un modelo que no marque las piernas, pues no sirve de nada sacárselas si la marca queda grabada toda la noche.

También puedes optar por los calcetines cortos bajo el pantalón, que se ven, pero a propósito.

No olvides el par de calcetines gruesos y confortables para ponerte por la noche, con un chándal o una malla y una gran camiseta, ideal para apoltronarse suavemente después de una jornada en traje chaqueta y tacones altos.

❇ SECCIÓN LENCERÍA

• Por cada sujetador compra dos braguitas, pues se desgastan con mayor rapidez. Por esta razón, muchas mujeres tienen la costumbre de comprar una braguita suplementaria cuando adquieren un conjunto interior.

• Debes poseer varias braguitas negras y blancas, confortables, que combinarás con un sujetador de encaje del mismo color.

• Los sujetadores son de tres formas distintas, según el físico, la indumentaria y la silueta que se quiere dar: el invisible, que se lleva bajo un jersey ceñido, el balconet y el tipo top para el deporte. No hay ninguna ley que prohíba llevar un sujetador balconet bajo una camiseta ceñida, pero debes saber que esta combinación otorga una silueta más provocativa.

• Para la noche, piensa en el *bustier*, que puede ir con una hermosa blusa de muselina. Si quieres sofisticarte más, no olvides el caraco de seda o la combinación que se puede llevar bajo una chaqueta abierta. Estas prendas preciosas se lavan a mano.

• Si te gustan los vestidos con tirantes, ten en reserva un sujetador que disponga de tirantes desmontables.

• Si llevas escote generoso con frecuencia, te conviene prever un modelo multiposiciones, cuyos tirantes se adapten en un periquete.

• Cuando lo que cuenta es la seducción, sólo debes tener en cuenta una receta, y siempre la misma: el liguero con un par de medias. Ya puesta, es mejor que optes por el juego completo. Aunque no tengas una cita en perspectiva, siempre puedes darte el gusto de comprarte un conjunto, ya sea por un flechazo o por una «depre».

¿NEGRO O BLANCO?

Aunque los códigos se han atenuado, aún sigue siendo de rigor no dejar adivinar un sujetador negro bajo una prenda blanca, o uno rojo bajo una blusa amarilla. Pero puedes hacerlo a propósito y reivindicarlo. En este caso, ponte un bonito sujetador de encaje bajo una camisa bien abierta o transparente.
Si optas por lo clásico, es más cómodo llevar blanco en verano y negro en invierno. Prevé asimismo lencería de color carne, que combina con todo sin la menor discriminación

• La lencería deportiva es indispensable, aunque se practique deporte tan sólo una vez al año.

La compra

La compra de lencería siempre es un momento delicado. Mientras que nos es fácil y confortable probar en las tiendas de lencería, dudamos en desnudarnos en unos grandes almacenes, aunque hayamos logrado abrirnos camino hasta los probadores.

• Para no equivocarte, lo mejor es que conozcas tu talla... y también que tu compañero la conozca. En efecto, numerosos hombres compran prendas íntimas sin tener la menor idea de las medidas de su Dulcinea. Como la mayor parte de las veces, las mujeres, prudentes, se precipitan a cambiarlas, puesto que la cultura masculina no progresa en absoluto en la materia. Si has encontrado al hombre de tu vida, no dudes en darle una tarjetita con tu talla; podrá elegir con conocimiento de causa.

• Comprar lencería en unos grandes almacenes a veces puede provocar situaciones graciosas, por ejemplo cuando nos

Mi talla
90 B

encontramos a nuestro vecino de rellano o al director de la escuela de los niños, justo en el momento en el que estamos contemplando todos nuestros encajes ante la caja.

Actualmente, la lencería propone una gran elección en el terreno de los materiales. La lycra, mezclada con otros componentes, es el más confortable y también da juego para la seducción. Así que, mejor aprovecharse de ello.

¿Con o sin?

El sujetador ha vuelto con fuerza después de años en los que se consideraba como un instrumento de opresión. Evidentemente, todavía podemos prescindir de él, pero mejor si estamos de vacaciones y si nuestro pecho aguanta el trance.

Por la noche aún es más fácil evitar llevarlo, sobre todo si nos hemos puesto un *bustier*. Con un pecho bonito y las ganas de mostrarlo, todo está permitido.

Si decides comprarte un hermoso sujetador, enséñalo... llevándolo bajo una blusa transparente. La lencería nunca es indecente ni vulgar cuando es bonita.

✳ ACCESORIOS INDISPENSABLES

Hablando de bolsos

Cuando se trata de bolsos, las mujeres son conservadoras. Algunas están abonadas a los modelos pequeños, otras son fieles a los grandes capazos. Muchas conservan el mismo bolso durante todo el invierno, por miedo a olvidar alguno de sus múltiples tesoros a la hora del cambio. En este caso, es necesario optar por un modelo negro o marrón, que combina con todos los colores.

• Si cambias de bolso a menudo, piensa en un ejemplar rojo o amarillo, que queda muy bonito sobre un abrigo negro.

• Sea cual sea tu modelo de referencia, recuerda comprobar la abertura de tu futuro bolso; no hay nada más irritante que una abertura pequeña, sobre todo cuando el fondo es ancho. Es imposible ver lo que se esconde en el fondo y sacar inmediatamente el objeto de deseo, sea la cartera o la agenda.

• Si tienes un bolso negro, cómprate o haz que te regalen objetos de marroquinería de color vivo, por ejemplo rojos, que se encontrarán con más facilidad dentro del bolso. Guarda tus cosas siempre según el mismo orden para evitar las angustias de pérdidas y robos.

• Recuerda igualmente elegir bolsos que puedan ponerse en el suelo, pues de otro modo lo tendrás siempre sobre las rodillas, tanto en el metro como en el restaurante.

• El *bolso cartera* y el *bolso capazo* son muy prácticos de día. Pero en general es preciso proveerse de un bolsito de más o bien de un bolsillo en el interior con los documentos y un neceser de maquillaje.

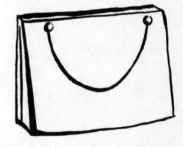

• La *mochila* tiene la ventaja de dejar las manos libres.

• El *bolso de mano* es más sofisticado pero menos práctico.

• La *riñonera* es ineludible para los viajes y las vacaciones.

• Existen además bolsitos en materias divertidas, como el terciopelo o el fieltro, o capazos de redecilla. Estos modelos no suelen durar mucho tiempo, pero son encantadores.

• En verano, podemos cambiar fácilmente de bolso, divertirnos con fantasías, como cestos de paja.

• Para la noche, es inútil invertir demasiado si sales tres veces al año. Mejor que vayas a hurgar a casa de tu madre, a un mercadillo o al rastro y optes por el reciclaje. A lo mejor encuentras una hermosa bolsita bordada o con perlas. Pero si el dinero no es un problema y llevas una vida de juerga continua, ¿por qué no dejarte seducir por un maravilloso bolso de noche de terciopelo o de satén?

El bolso de noche funciona como un pequeño accesorio divertido, pero la verdad es que en él no cabe casi nada. No ha sido concebido para mujeres que no pueden separarse de su agenda, su móvil y, eventualmente, su paquete de cigarrillos. La única solución es un acompañante con bolsillos grandes al que endosarle nuestras cosas. Y para mayor seguridad, escribir las direcciones indispensables en un post-it.

Guantes elegantes

Los guantes son un accesorio difícil de elegir. Resulta tentador llevar guantes largos de día o pequeños guantes finos de cuero o de punto. Desgraciadamente, a menudo son caros y se pierden con mucha facilidad. De ahí que sea frecuente invertir en esta prenda. Por fortuna, actualmente existen numerosos modelos de fantasía, de muchos colores, a veces ribeteados con imitación de piel, plumas o felpilla, que alegran un abrigo sombrío. Los guantes de punto también vuelven a estar de moda, pero con materias más sofisticadas que el típico guante de lana antiguo.

Si compras guantes antiguos, no olvides probarlos, pues las mujeres de antaño tenían dedos mucho más finos que los nuestros.

Joyas para todos los gustos

Hoy en día podemos salir sin joyas; el collar de perlas ha dejado de ser obligatorio.

Los pendientes no sientan bien a todo el mundo. Todo depende del peinado y de la forma de la cara. Los aros siempre lucen mucho en verano. Lo mismo puede decirse de las perlas, siempre que contrasten con el resto, por ejemplo con un traje de hombre y mocasines gruesos. En este caso dan un toque de femineidad sin caer en el «chic» integral.

Los anillos atraen la atención hacia las manos; es preferible que sean bonitas, o al menos que estén bien cuidadas. Piensa que debes limpiar tus anillos; no hay nada peor que joyas bonitas que estén sucias.

Lo que no puede faltar

• Debes agenciarte dos *cinturones*: uno que entre por los pasadores del pantalón y otro para el tejano o el pantalón de cintura baja.

• Las *gafas* de sol son indispensables en todas las estaciones. Las gafas graduadas deben corresponder a tu cara y a tu modo de vivir. Puedes servirte de ellas como de un accesorio para dar personalidad a tu rostro.

¿Me sentará bien un sombrero?

Los sombreros han desaparecido de nuestras calles, de nuestra vida diaria. Hoy en día, salvo durante los rudos inviernos, las mujeres salen con la cabeza descubierta. Y sin embargo, es agradable darse un gustazo de vez en cuando y comprarse un sombrero, aunque sepamos a ciencia cierta que lo llevaremos poco. Si queremos, siempre podemos acabar encontrando uno que se corresponda con nuestra cabeza y nuestro corte de cabello.

• El *sombrero de fieltro*, con su forma verdadera, confiere un aspecto muy afectado. Es mejor el sombrerito que se hunde, de tejido blando, de terciopelo, de punto o de imitación de piel. En función del corte de cabello, podemos inclinarlo más o menos sobre la frente. Debe evitarse de todos modos cuando llevamos un flequillo, pues lo aplasta de forma lamentable.

• La *boina*, más pícara, otorga un aire de heroína de cine negro. Es encantadora si se lleva sobre una cabecita con el pelo corto. En cualquier caso, es preferible no sacársela, pues deja una marquita sobre la frente. Es mejor elegir una materia suave que no rasque.

• Para los atuendos desenfadados es de rigor la *gorra* de deporte.

• Para un aire más «chic», el *sombrero de fieltro* de hombre es maravilloso.

En el trabajo

❋ VÍSTETE A TU AIRE

Si tienes la suerte de trabajar en un ambiente en el que cada uno se viste como quiere, entonces confía en tu gusto y en tu imaginación. Si te tomas en serio tu estilo durante todo el día y te gusta la moda, anímate, juega con los colores, con los accesorios extravagantes. Aunque la libertad nunca es total.

• En primer lugar, no te entregues a la provocación: la minifalda cortísima y el pantalón con la cintura realmente baja y el ombligo al aire deben eliminarse. Se tiene que conservar cierta mesura, en primer lugar por respeto a los demás, y luego porque estas indumentarias no se adaptan a la ciudad y al trabajo.

• A continuación, prescinde de los vestidos que se arrugan. Por la mañana llegarás la mar de peripuesta y por la noche estarás hecha un trapo.

• Al mismo tiempo, a menos que le tengas fobia a lo oscuro, evita los vestidos que se ensucien demasiado; tu hermosa falda blanca podría acabar tirando a gris al caer la noche.

• Finalmente, no te compliques la vida llevando tacones altos si no tienes la costumbre, a menos que quieras quedarte atrincherada todo el día detrás de tu mesa. En general, es necesario moverse, ir de aquí para allá, incluso tener que correr unos pasos.

• Las medias son esenciales, a menos que llevemos falda larga o pantalón. Si respetas estos pocos principios de sentido común, todo puede ir sobre ruedas. El primer criterio es que es preferible llevar vestidos confortables para trabajar, con los que una se sienta bien. En efecto, no hay nada más desagradable que sentirse incómoda durante un día entero, sin poder cambiarse. O darse cuenta, por ejemplo, de que la falda es demasiado corta, o completamente trasparente. Todo ello puede evitarse si antes de salir de casa te has tomado la molestia de mirarte dos minutos ante el espejo, solución inmejorable para estar segura de que no has cometido un error.

✱ Los códigos de la empresa

Entrevista para entrar a trabajar y primeros días en el empleo

Para este período de iniciación, es preferible optar por un aspecto más bien neutro. Es inútil arriesgarse, pasar por una fanática de la moda o, en cambio, del clasicismo.

Evita los excesos, es decir, lo demasiado corto y superceñido o el tipo tierno como un corderito. Elige más bien un atuendo seguro: una chaqueta sobre un pantalón o una falda, con una camisa o un jersey.

En cualquier caso, es prudente permanecer lo más cerca posible de tu estilo, de tu personalidad. Si los primeros días te «disfrazas» de caricatura de ejecutiva dinámica o de modelo de secretaria de los años cincuenta, te costará regresar a tu estilo habitual si de repente te das cuenta de que se adapta bien a los códigos de tu nueva empresa. Se notará que eres radicalmente diferente a la de los primeros días, y que en cierto modo has encarnado una personalidad de circunstancias.

Debes tender a un equilibrio sutil entre tu estilo habitual y la indumentaria del primer o los primeros días. Suavizando el atuendo si cultivas la excentricidad, iluminándolo o animándolo si eres rematadamente clásica. Lo esencial es permanecer cerca de ti misma, de tu personaje, de lo que te gusta, sin dar la impresión de provocar o de ceder de antemano. Te han contratado por tu personalidad, es inútil disimularla.

• Si te gustan los colores vivos, no te prives de un jerseicito amarillo o salmón bajo una chaqueta negra para que dé un toque de luz.

• Si te gusta lo corto, opta más bien por medias semiopacas.

• Si te inspiran los toques exóticos, la chaqueta china sobre un pantalón es perfecta.

• El traje chaqueta no es ni indispensable ni obligatorio. Después de haber desaparecido de la moda femenina durante más de veinte años, ha vuelto con la emergencia de las businesswomen, que han

71

NADA DE PETOS EN UN BANCO

En general, las mujeres que trabajan en oficios artísticos (moda, publicidad, cine) tienen más libertad. Existen códigos, pero son distintos. El traje chaqueta con collar de perlas y cinta de terciopelo está tan desplazado en algunos ambientes como el peto con grandes zapatillas de deporte, pelo amarillo y piercing en un banco.

necesitado copiar el traje de los hombres para imponerse. Ahora, el aspecto masculino ya no es obligatorio para encontrar un lugar bajo el sol. Ciertamente, con el traje chaqueta se gana tiempo por la mañana, pero quizá se pierde en originalidad.

• Sobre todo, no tengas gastos inútiles, no es un comienzo de curso. No compres un conjunto para la ocasión, a menos que tu armario esté vacío o que contenga tan sólo prendas *grunge* o vestidos transparentes.

En algunas empresas se aprecia una personalidad marginal. Por otra parte, ¿acaso tiene algún interés encontrarte mejor vestida que tu «jefa» o copiarla? El objetivo no es participar en un desfile de moda, sino ir a trabajar con un atuendo correcto y adaptado.

• El estilo deportes de invierno no es el más juicioso, pues te arriesgas a ahogarte en tu jersey grueso de cuello alto, a menos que seas extremadamente friolera. De todos modos, si eliges una prenda superior deportiva o muy desenfadada, lleva una prenda inferior más sofisticada, como una falda larga de crepé o un pantalón de material brillante. Una indumentaria «funciona» siempre que incluya al menos una pieza sofisticada o de calidad, ya sea la de arriba o la de abajo, sabiendo que la superior se ve mucho más cuando una está sentada detrás de una mesa de oficina. Con un pantalón deportivo, de pana o de tela, una camisa de satén permite dar el toque de contraste.

Muy pronto verás qué tipo de ambiente hay y te adaptarás en función de tu oficio, de tu puesto y de tu físico... A nadie, a menos que le falte un tornillo, se le ocurriría llegar enfundada en un abrigo de piel en una empresa ecologista, en atuendo *grunge* en una perfumería o en tejanos en un banco. Luego podrás mezclar a tu manera jugando con los accesorios, las joyas, los cinturones, etc.

Aparte de las mujeres que llevan uniforme (policías, azafatas) o bata de

LO QUE DEBES EVITAR EN LA OFICINA

- *El short; guárdalo para las vacaciones.*
- *La minifalda supercorta sin medias, a menos que seas top model.*
- *El ombligo a la vista si tienes más de 17 años.*
- *Las sandalias, reservadas para la playa.*
- *Los tejanos, que debes guardar para el fin de semana.*

trabajo, las féminas podemos conquistar nuestro espacio de libertad y vestirnos a nuestro gusto. A nuestro país le gusta la moda, y todo el mundo encuentra normal y halagador que nuestras mujeres estén bien vestidas. Tal vez haya todavía algunas empresas en las que se limite el uso del pantalón, y en las que la menor excentricidad en la vestimenta se mire mal. Más que cambiar de vestidos, será más juicioso pensar en cambiar de trabajo... si es posible.

La vida diaria

Dos reglas básicas:

• La primera tiene el mérito de ser clara: estar siempre presentable y no abandonarse nunca. Si un día te descuidas, puedes estar segura de que te dejarás sorprender con una cita no prevista con un cliente o, peor todavía, con la llegada de un moreno la mar de guapo. Lo descuidado está reservado para la casa, y aun así, siempre que estés sola.

• Segunda regla, de sentido común: vestirse de manera confortable para trabajar, con vestidos a tu medida, adaptados al clima

y que no obstaculicen tus movimientos. Si
no estás a gusto, si te aprieta el pantalón,
serás menos eficaz.

En primer lugar, aunque parezca ya
evidente, es imperativo elegir vestidos de tu
talla, y prever prendas más anchas por si
después de un largo fin de semana has
abusado de la comida. El lunes, el pantalón
ancho es ideal, pues tenemos tendencia a
sentirnos embutidas, y los zapatos planos
son altamente recomendados. Los días de
descanso a veces se pagan con la dificultad
de mantenerse encaramada sobre tacones
altos y apretada en una falda recta.

La comodidad también tiene que ver con
la lencería, con unas braguitas que no se
marquen, que no corten las nalgas en dos, y
un sujetador que no comprima los hombros
ni el torso.

Cuidado si llevas camisa bajo la
chaqueta, y evita las materias que se arrugan
a partir de las diez de la mañana. Procura no
pasearte con soberbias aureolas de sudor
bajo los brazos. El desodorante, obviamente,
es indispensable. Piensa asimismo que debes
evitar un perfume demasiado intenso, que
puede incomodar fuertemente a tu entorno,

INDECISIÓN

Aquellos días en los que no tienes la menor inspiración matinal y la vista del armario no te hace reaccionar, ponte un pantalón sobre una camisa o un body y una bonita chaqueta. Ahora ya puede venir lo que sea, ya estás equipada.

sobre todo si tienes la manía de rociarte cada mañana con casi todo el frasco.

En cuanto a las joyas, elige preferentemente modelos fantasía o una sola joya de calidad, la que te gusta más y que rara vez abandonas. Sé caritativa: ahorra a tus colegas el concierto permanente de cadenas y brazaletes tintineando al ritmo de tus movimientos.

La misma pero diferente

No hay escapatoria, trabajamos al menos cinco días por semana, así que, ¿cómo estar diferente cada mañana sin desvalijar las tiendas? El secreto reside en el reciclaje, el único medio para cambiar de aspecto cada día, incluso con un guardarropa reducido.

• Más que limitarte a ponerte cada día un traje chaqueta medianito, elige una bonita *chaqueta* y dos o tres prendas inferiores de calidad más corriente. Y póntelas por turno.

• Varía con un *chaleco* de hombre, bajo una chaqueta o sobre una camisa, y directamente sobre la piel para la noche.

• Juega con tu *conjunto jersey-chaqueta*, que puede darte tres opciones. Un día llevas el conjunto, luego lo desparejas: la chaqueta abierta sobre un bonito sujetador, o el jersey dentro del pantalón, con cinturón.

• Da dos looks a tu *jersey*: déjalo flotar sobre el pantalón o la falda con un cinturón y llévalo otra vez por dentro.

• En verano, lleva la *camisa* como si fuera una chaqueta sobre una camiseta, un vestido sin mangas o un body. En este caso, debes preferir una forma con faldones, más estética si se lleva sobre un pantalón o una falda. Y sobre todo, elígela larga, que te cubra el trasero.

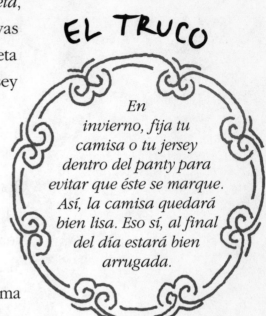

EL TRUCO

En invierno, fija tu camisa o tu jersey dentro del panty para evitar que éste se marque. Así, la camisa quedará bien lisa. Eso sí, al final del día estará bien arrugada.

❋ OFICINA TROPICAL

Trabajar bajo los rigores de la canícula raramente es agradable. A la espera de que la era del aire acondicionado llegue para todo el mundo, se trata de aguantar el tipo y de seguir estando bien digna bajo los ataques de sudor. Dado que la chaqueta no siempre se soporta, debes prever por debajo de la misma prendas finas y bonitas, bien presentables.

• Opta, por ejemplo, por la *viscosa* y evita las materias que se arrugan. El *punto* es una buena solución. Inclínate por lo holgado, que es más agradable.

• Decídete por un *pantalón* ligero con una camisa o un jersey holgado.

• O por un *vestido*-camisa ancho y flotante, o una falda larga de viscosa. Yo he adoptado el vestido plisado Miyake en verano. Es muy práctico y puede llevarse sin mangas o sobre una camiseta.

• Cuidado con los *vestidos sin mangas*: exigen brazos perfectos, una depilación irreprochable y sisas ceñidas. Cuanto más abiertas sean éstas, más parecerá un atuendo playero. Para el trabajo, evita también un modelo demasiado escotado. E inclínate por el vestido sin mangas de cuello alto, más de ciudad.

La trampa de la transparencia

Desde los primeros calores, vuelve la tentación del blanco. No nos resistimos a comprarnos un pantalón blanco o una falda blanca, y se repite entonces la trampa estival de la transparencia.

Cuando te pruebes estas prendas, procede al test que no falla antes de pirrarte por un vestido virginal: si se ve el interior de los bolsillos, también se verán tus braguitas. Y las bragas dibujándose bajo el pantalón no causan muy buen efecto que digamos, a menos que lleves superposiciones u ocultes la transparencia bajo un jersey túnica.

Si por una de aquéllas te has dejado engañar, guárdate la prenda para las vacaciones. La llevarás con tu traje de baño blanco, aquel que te pones sólo el último día, cuando por fin estás bronceada...

❋ LA VIDA AL AIRE LIBRE

Has elegido un oficio que te lleva a galopar al aire libre o por el campo. No hay razón para dejar olvidada la elegancia. El primer criterio es el de vestirse con toda comodidad, optando por materiales sólidos y suaves.

Aunque los hombres sean mayoritarios en tu sector de trabajo, si eres, por ejemplo, ingeniera o veterinaria, no por ello estás obligada a parecerte a ellos.

• Para afirmar tu diferencia, lleva en invierno una *pelliza* de color, o bien un modelo negro y brillante. En otoño, ponte una atractiva parka bien impermeable.

• Lleva debajo un bonito *jersey* de materia suave, angora o mohair, con un collar. Un buen jersey sobre un pantalón pitillo se adapta a todas las situaciones, sobre todo en un trabajo al aire libre.

• Para los pies, lo mejor son las *botas* (o los botines) planas pero finas, que aguanten bien el barro y la intemperie. Y lleva kleenex en el bolsillo para limpiarlas.

• Si eres una de esas mujeres que recorren kilómetros de carretera (agente comercial o incluso camionera), evita quedarte envarada conduciendo. Evidentemente, las telas que se arrugan no son recomendables si pasas una parte de tu vida en coche. Luego sales hecha un trapo. Debes preferir los vestidos anchos, que se arrugan menos. Cuidado con las arrugas que se forman en la ingle cuando el pantalón está muy ajustado. Levántalo por las rodillas antes de sentarte en el coche para evitar todos los pliegues y bolsas en las rodillas. Igualmente es preferible separar los faldones de una chaqueta larga poniéndolos de lado. Cuando es posible, lo mejor es quitarse la chaqueta y doblarla plana en el coche, o bien prever una chaqueta de recambio, colgada en una percha en el coche con la calefacción puesta.

Después de seis horas de ruta es mejor cambiarse, en un párking si nos atrevemos, o bien en los servicios de la autopista.

✳ DESPLAZAMIENTO LABORAL

Reglas básicas

• Primera regla para un viaje corto: prever una maletita con ruedas. Es inútil registrarla en el embarque, con lo que se gana tiempo en el aeropuerto. Es mucho más práctica para galopar por un pasillo de aeropuerto o un andén de estación, y evita la clásica pesadilla de arrastrar la gran maleta de forma lamentable o de llevar la bolsa archillena que comprime el hombro.

La única dificultad es la de poder introducirla en el compartimiento para equipaje del avión. En general siempre se encuentra un alma caritativa o una azafata que pueden ayudarnos.

• Segunda regla: elegir vestidos que no se arruguen, y ponerlos inmediatamente en la percha, nada más llegar. Es preciso, pues, inclinarse por materiales de poliéster, como la gran falda que casi no se arruga o las plisadas permanentes, a la japonesa, o el pantalón (que si se dobla en dos prácticamente no se arruga).

Se pueden adoptar dos soluciones para no llegar con los vestidos arrugados: envolverlos en papel de seda o protegerlos con una funda de plástico. Se trata de una precaución imperativa para la chaqueta de traje. Recuerda asimismo abrochar los vestidos para que no adopten pliegues feos, y dejarlos en la perchita de hierro de la tintorería. Así se arrugarán dos veces menos.

Si viajas con una gran bolsa, enrolla tus vestidos, cada uno de ellos envuelto en una funda de plástico de tintorería.

• Tercera regla: no llenes demasiado tu maleta. Para ello, selecciona los vestidos de manera drástica, considerando los que pueden adaptarse a varias ocasiones. Por ejemplo, un vestido sin mangas, que puede llevarse de día sobre un body y de noche con los brazos desnudos.

• Cuarta regla: construir de forma inteligente tu panoplia de viaje. Quien nunca se haya encontrado con cuatro pantalones y una sola camiseta de recambio, que lance la primera piedra...

• Para el viaje, una chaqueta, que puede ser la del traje chaqueta, o un blazer y un abrigo, así como un pantalón confortable. Los zapatos planos son los más recomendados, sobre todo si temes tener que galopar para atrapar el avión o el tren. Para abrirte camino con más comodidad y dominar tus descensos a través de las escaleras, evita el abrigo maxi, con el que podrías tropezar.

Una bolsa para tres días

• Prendas principales: debes preparar tres conjuntos, que puedan ir a juego con tu chaqueta de viaje: tres prendas superiores (jersey fino, camisa o body) y tres inferiores (falda o pantalón, uno de ellos a juego con el traje chaqueta).

Para proceder a una mejor elección, extiende tus prendas sobre la cama, unas después de las otras, para poder juzgar el conjunto.

• En este lote es preciso prever un vestido que se transforme para la noche. Nunca debe descartarse una cena sorpresa.

• Prendas íntimas: llévate tres braguitas, tres sujetadores y cuatro medias, una de ellas de recambio.

• No olvides el traje de baño si estás en un hotel, pues la piscina acaso esté abierta. Además, no ocupa mucho lugar. Incluye igualmente una camiseta y unas mallas, ya que podrías disponer de una o dos horas de relax para pasear o hacer ejercicio en un gimnasio.

• En cambio, es inútil poner dos chaquetas y, sobre todo, dos abrigos.

• Los zapatos los puedes poner en las bolsitas de fieltro ligero que te dieron cuando los compraste, o en las de un bolso. Debes prever también bolsitas para ordenar la lencería, y otra para la ropa sucia, a menos que la maleta cuente con un bolsillo especial.

GRACIAS A LA TINTORERÍA

Sobre todo, guarda las fundas de pressing para envolver tus vestidos. Nada más llegar, saca la percha de hierro, pues rompe las hombreras, y cuelga tus vestidos en una percha más ancha.

Viajes largos

Si viajas sola, he aquí la mejor solución
para pasar un momento confortable y llegar
fresca y peripuesta. Coges el avión con tu
ropa «normal», sobre todo si vienes
directamente de la oficina, y te llevas un
bolsito que contenga unas mallas o un
chándal, una sudadera, calcetines
confortables, un jersey fino pero caliente y,
si hace falta, zapatillas. Cuando el avión ya
haya despegado, dirígete a los servicios; allí,
te tomas tu tiempo para desvestirte y ponerte
tu ropa de vuelo, sin olvidar el jersey, pues a
menudo en el avión hace un frío polar.

Segunda etapa: desmaquíllate del todo,
luego dejas libre el servicio y le pides
amablemente a la azafata que te guarde tus
cosas en un rincón.

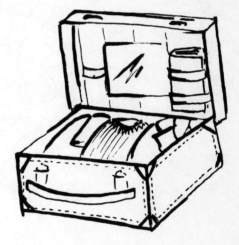

Así, vestida confortablemente, no te
queda más que dormir. Pides que te
despierten una hora antes de aterrizar para
volver a comenzar la operación, aunque al
revés: te pones tu ropa de ciudad y te
maquillas.

Todo ello no vale la pena, obviamente,
para un trayecto de puente aéreo. El vuelo

¿CÓMO SACAR LAS ARRUGAS DE UNA CAMISA DE SEDA O DE UN TRAJE?

Cuélgalos en el cuarto de baño, cerca de la bañera, abre el grifo del agua caliente y deja que corra durante unos quince minutos. Después de este cuarto de hora, el vestido ya está casi planchado, siempre que no lo hayas salpicado o, peor, que no haya caído en el agua. Luego basta con dejarlo unos minutos al aire libre.

debe ser de más de seis horas. Por otra parte, se te concede el derecho a dudar, en el caso de que tu vecino de asiento se parezca a Brad Pitt. Aunque... siempre tendrás mayor ventaja si estás natural y relajada que si viajas crispada y sofisticada, si tu maquillaje se deshace sin piedad y si tu traje chaqueta se arruga un poco más cada minuto.

Las gafas de sol son indispensables, sobre todo para protegerse de la luminosidad al salir del avión. También pueden salvarte si no te has levantado con el tiempo necesario para proceder a la operación de «rehabilitación».

En tren

A menos que cojas el Orient-Express, los viajes en tren raramente son largos. Es mejor llevar zapatos planos y ropa cómoda, pues no tendrás tiempo de cambiarte en los servicios, que en general no son muy confortables.

Dado que las reglas de la calefacción en el tren pertenecen al mundo del misterio, puede ser que a la ida te beneficies de una sesión improvisada de baño turco y que a la vuelta conozcas los primeros estadios de la congelación. Así, lo ideal es optar por la superposición: prevé varias capas de vestidos para sacar una o añadir otra si hace demasiado frío o demasiado calor.

En caso de salir muy de mañana,

procede en dos etapas en lo concerniente al maquillaje: hazte la «capa de fondo», es decir, ponte el colorete en tu casa justo antes de irte, y maquíllate los ojos y la boca unos minutos antes de llegar.

En casa

Puede ser que, por obligación o porque quieres, permanezcas en tu hogar, ya sea porque eres adepta al teletrabajo, novelista o ama de casa.

Si cada día vas a buscar a tus hijos a la salida del cole, no olvides que los niños son muy convencionales. Les gustan poco las excentricidades, particularmente cuando se trata de su madre. Temen que los otros les digan algo. Así que, piénsatelo dos veces antes de ir a buscarlos vestida muy a la moda. No sabrán dónde ponerse. Lo he vivido varias veces. Pero quedarse en casa no significa acabar totalmente descompuesta. ¡Por favor!, ¿de qué sirve tener pinta de acabar de levantarse, enfundada en unas mallas horrorosas y una camiseta vieja? Es totalmente posible terminar de «gastar» los vestidos, siempre que sigan siendo presentables. De otro modo, te asustarás cuando pases delante de un espejo, con depresión garantizada al cabo de varias visiones de este tipo.

Elige, pues, desde primera hora, ropa simple y confortable, y arréglate como si fueras a salir: si te peinas, te maquillas y te vistes, la vida se ve de otro modo.

Tampoco caigas en los excesos opuestos; es inútil ponerte tu mejor traje chaqueta para ir hasta la esquina a comprar el pan.

• El *pantalón* ancho de punto con cordón de ajuste en la cinturilla, del tipo pijama, es ideal. Si prefieres un pantalón estrecho, puedes ponerte un pantalón pitillo, o unas mallas «presentables» de color liso, mejor si es negro, y siempre con algo encima...

• En cuanto a las prendas superiores, opta por la comodidad mullida de un gran *cárdigan* de lana, o de algodón en primavera, que puedes llevar encima de una camiseta o de un body.

• El problema es más bien de elección, porque todo está permitido: un jersey ancho o una camisa; en verano, un jersey tipo marinero o rayado con un pantalón blanco.

• Mima también tus pies. Para el interior,

existen bonitas zapatillas. Para el exterior, opta por zapatos planos, del tipo Todds, zapatillas de bailarina o deportivas. Las Nike visten bien a cualquier edad.

• Si quieres adoptar un look, ¿por qué no te pones un sombrero de hombre, una boina o una gorra, que sofistica tu aspecto?

Opta por lo desenfadado, sin abandonarte, elige lo que sirva tanto para la casa como para salir a hacer un recado. Se trata de estar peripuesta, de que los niños, como el espejo, noten que te has arreglado también para ellos.

Generaciones

La espinosa cuestión de las relaciones madre-hija no se puede reducir al conflicto de la moda. Y sin embargo, los enfrentamientos en torno a la ropa desempeñan un papel nada despreciable. Cuando el único deseo de tu adorable hijita de siete años es vestirse como una Barbie, no pierdas la calma. Cuando tu encantadora adolescente de quince primaveras se hace notar por su estilo destroy, no pierdas la calma. Es inútil que comiences a darle un curso de buen gusto, no sirve de nada.

Basta recordar cómo te emperejilabas a la misma edad, con la falda plisada y la blusa y las medias blancas de tu infancia, o el elegante pantalón «pata de elefante» de la adolescencia. Tú también has enterrado hasta el fondo de tu memoria el jersey tomado prestado a tu padre, que te llegaba hasta las rodillas, y el tejano artísticamente decorado con el signo de la paz.

Ante todo, se trata de conservar la calma para limitar los desastres. Cuanto más sienta ella tu exasperación, más intentará exagerar. ¿No quiere salir si no lleva un vestido rosa con volantes? Intenta que se ponga un cárdigan largo encima y respira hondo mientras vayas caminando a su lado por la calle. La vergüenza pasa en seguida. ¿No hay modo de que se quite su pantalón que se arrastra por el suelo? Cógeselo sin que se dé cuenta para lavarlo. Eso sí, marca unos límites: nada de aspecto indecente para el cole, o vestidos sucios en general.

Cuando comience a querer coger tus vestidos, es buena señal, entonces ya puedes tranquilizarte. Es el principio de la evolución hacia atuendos más «civilizados». Propónle una salida para ir de compras, para

encontrar vestidos más adaptados a su talla y a su edad que los tuyos.

Si tiene que hacer un examen, negocia con toda complicidad, como si fuera un juego. Ayúdala a transformarse en chica seria, sin que deba ponerse una falda escocesa, que parecería un disfraz perverso; ayúdala a sacarse sus mechas amarillas o su *piercing*, a olvidar su *baggy* por un pantalón recto de algodón, de tela o de pana, a que no le sobresalga la cinturilla elástica de las bragas por encima del pantalón y a elegir una camisa simple, que ilumine su cara y su piel de adolescente.

En cuanto a los zapatos, procura que baje de sus suelas de plataforma, y transige en el caso de zapatillas de deporte limpias si no logras que se ponga mocasines.

Ocasiones especiales

❋ NEGOCIAR CON EL INSPECTOR DE LA RENTA

Resulta que tienes una entrevista con un inspector o inspectora de la renta, relacionada con una rectificación impositiva o una demanda de tu parte para aplazar un pago. Déjate las joyas en casa, sé simple, discreta, ni excéntrica ni una caricatura de mujer «chic». Lo mismo si tienes una cita con el juez para hablar de tu divorcio. Si reivindicas una pensión sustanciosa, evita el traje chaqueta recién estrenado con marchamo en los botones o el conjunto tipo Chanel-Gucci-Hermès.

¿Te sientes aterrorizada, como si volvieras a ser una niña? Es muy normal. Esta desagradable sensación de inferioridad se siente también en otras ocasiones delicadas, como una cita no deseada en el banco o con el director de la escuela de los chavales. La indumentaria es muy importante, no tanto para vencer a tus supuestos adversarios gracias a tu encanto irresistible, sino para contar con toda la confianza posible, a fin de sentirte segura.

En este caso más que en otros, es importantísimo comprobar tu aspecto antes de salir: el botón que está flojo suele decidir abandonarte en las ocasiones delicadas, o bien puedes darte cuenta de que tu manga está descosida, que tu jersey tiene un agujero o que tus hombros están llenos de

caspa. No hay nada peor para incomodarte, como si tu interlocutor hubiera elegido él mismo tus vestidos a propósito, para rebajarte.

✳ EN LA CONSULTA DEL MÉDICO

Tienes cita con el médico. Evita complicarte la vida vistiéndote ese día con un traje con mil botones y difícil de sacar, zapatos con cordones o, peor aún, un body. Es preferible un jersey y el pantalón a un vestido, pues de otro modo tendrás que realizar un striptease completo, aunque el médico sólo quiera examinar tu espalda.

Ese día elige más bien un sujetador y unas braguitas a juego, y deja tu tanga en el armario.

Si tienes que ir al podólogo para que te cure unos callos o por el simple placer de visitarlo, ponte calcetines y un pantalón. Si te has puesto medias debajo del pantalón tendrás que sacártelo todo.

✺ PRIMERA CENA

Ha llegado la gran noche, tienes una cita con el hombre de tus sueños. Es el momento de atacar a fondo.

¿Tienes las piernas bonitas? Decídete por las medias finas y las sandalias altas. ¿Un atractivo escote? Ponte el jersey abierto. Pero piensa en llevar una chaqueta para no «desembalarlo» todo de entrada... Si calculas que podrías llegar a enseñarlas, ponte prendas íntimas bonitas: es la ocasión ideal para inaugurar el conjunto que tienes guardado desde hace tiempo en tu armario.

Pero si te sientes incómoda con *bustier* o corpiño, olvídalo de inmediato. La prioridad es sentirse bien y mostrar lo mejor de ti misma.

Lo esencial es no alejarse de la propia personalidad; si es la primera cena *tête à tête*, ya os conocéis, a menos que hayas respondido a un anuncio. Si llegas totalmente transformada, como si fueras otra mujer, tu *partenaire* podría sentirse desestabilizado al no encontrar a aquella a la que deseaba volver a ver; a menos que os hayáis conocido en pleno desierto o en un trekking por el Nepal. En esta hipótesis, apreciará sin duda que no te hayas puesto el short para la velada.

Algunas mujeres asumen la seducción. Otras no quieren jugar en absoluto este juego... Prefieren la carta de la sutilidad. Atención, el exceso de sutilidad puede convertirse a la vista en algo directamente invisible.

• ¿Temes exagerar la nota? Siempre puedes desempeñar el papel de mujer atareada, desbordada, que acaba de salir del despacho y no ha tenido ni un minuto para cambiarse. Todo depende también del lugar de la cita. Ciertamente, cada vez nos vestimos menos para ir a cenar al restaurante. De todos modos, una bonita blusa debajo de la chaqueta o un vestido negro con medias transparentes y tacones altos nunca desentonarán en una cena.

• ¿Te pirras por los atuendos deportivos y los tejanos? Quédate en la familia de los pantalones. Opta, para la ocasión, por un pantalón pitillo y unas botas bonitas.

• Es inútil transformarse en otra mujer, intentarlo es un esfuerzo que agota, imposible de repetir. Es preciso poder mantener el papel; si has pasado dos horas en la peluquería, si has reservado una sesión con un maquillador profesional, si te has aplicado una máscara regeneradora mágica o un emplasto de pepino, o consultado a expertos para tu atuendo, te deseo buena suerte a la hora de llevar adelante los acontecimientos. Resulta más inteligente seguir siendo natural, aunque tengas que adoptar el método de la autosugestión, repitiéndote bien fuerte: si tiene que quererme, será por ser como soy.

• También es inútil decorarse con joyas que tintineen como en un árbol de Navidad. El vestido lleno de botoncitos puede desanimar al más voluntarioso.

• ¿Quieres poner toda la carne en el asador? Pues nada de medias tintas. Medias y liguero, corpiño... la opción mujer al cien por cien siempre hace soñar a los hombres. Las fantasías siguen bien vivas, acaso aún más desde que las mujeres han conquistado su independencia y compiten con el sexo fuerte en los negocios. Los hombres se ven forzados a contentarse con el punto de seducción que se les quiera dar. Y las mujeres pueden jugar con ello, mientras que antes se veían obligadas a contemporizar a la manera de un objeto, sin la menor distancia.

Elige más bien un atuendo ajustado, pero no demasiado ceñido: insinuar es mucho más sensual que enseñarlo todo en seguida. Lo más de lo más son las medias de moda, escarpines con tacones altos, un traje chaqueta más bien estricto, eventualmente con una falda abierta si tienes piernas bonitas, la cintura bien marcada y un escote. Juega con los matices, pues enseñar tus formas no consiste en caer en la vulgaridad.

❊ Boda elegante

Te han invitado a la boda del siglo. Una vez ha pasado el momento de emoción, en seguida llega la angustia: «¿Qué demonios voy a ponerme?».

• Primer intento: llamar a tu amiga elegantísima, si existe, y si por un milagro tiene tu misma talla y tu mismo peso, entonces podrás tomarle prestado un vestido y salvar fácilmente el trago. Es inútil arriesgarse con una amiga que mide diez centímetros más que tú, pues no está bien visto retocar un vestido prestado.

Si esta solución resulta imposible, no te tocará otro remedio que contar con tu imaginación... o tu cartera.

• Para la ceremonia se precisa una indumentaria elegante, en general un traje chaqueta. En caso de comprarlo, elige un modelo que puedas volver a ponerte otras veces, en conjunto o desparejado: la chaqueta sobre una falda larga, o bien la falda del traje chaqueta con una camiseta sin mangas, de seda negra.

• Para la velada, opta también por un vestido que puedas volver a utilizar, por ejemplo en una fiesta elegante. Si eres joven, bonita, con hermosas piernas, es fácil encontrar un vestido poco costoso que te vaya como un guante. En caso contrario, piensa en las rebajas de modistos y creadores. Aunque la invitación no te llegue de la casa real inglesa, siempre es agradable presentarse con un buen vestido de corte impecable.

• Evidentemente, el blanco no es recomendable; está reservado a la novia, si es que ha elegido este color. Antes también se excluía el negro en una boda, pero ya no sorprende, salvo en los ambientes muy estrictos.

La tradición nos lleva más bien hacia colores pastel o vivos. Si eres más bien sobria, no te preocupes, el fucsia con sombrerito a juego no es obligatorio. Nadie te ha pedido que te disfraces. Además, estarías la mar de incómoda durante toda la fiesta pensando en tu aspecto de tarta.

• El sombrero es opcional, según las ganas que tengas. En cualquier caso, es la ocasión ideal para atreverte. Luego siempre podrá servir para decorar la habitación, en un portasombreros que hayas comprado en un mercadillo o en el rastro. En realidad, es inútil esperar la ocasión para volvértelo a poner.

• Una invitada debe respetar un principio básico: no ser más espectacular que la novia. Ella es la estrella del día, y queda fatal eclipsarla. Es preferible informarse con anterioridad acerca de su vestido y del estilo de la boda. Si ha elegido un traje chaqueta, evita el vestido con miriñaque; si lleva vestido corto, deja tu cola en el armario.

• Para evitar los suspiros de desesperación cuando recibimos una invitación, es mejor prever y contar con un bonito conjunto en el armario. No debe ser muy de moda, para que dure más de una temporada. Así estarás equipada para todas las ocasiones. De otro modo, cuando recibas la tarjetita de invitación, las rebajas habrán terminado o ya no dispondrás del tiempo necesario para ir de tiendas.

Un vestido, pero no de noche

A veces tenemos un vestido de ensueño pero no hay la menor oportunidad de sacarlo de la funda. Esta situación da tanta rabia como la opuesta. Un vestido magnífico se muere de asco en el armario sin ninguna posibilidad de airearse.

Para remediarlo, crea tu misma la ocasión, por ejemplo organizando una visita a un casino. Podrás llevar aquel vestido, con un chal sobre los hombros. Ello no te obliga a gastarte tu sueldo anual en la ruleta. Puedes contentarte con contemplar cómo arden los otros jugadores. Es cierto que hoy en día la gente se viste menos de etiqueta. El casino, que antes era un signo de lujo, hoy en día acoge cualquier vestimenta, siempre que sea correcta. No te inquietes, nunca

estarás ridícula si vas bien vestida en este tipo de sitios creados para el *glamour*, aunque el público no haya optado por lo mismo. En la sala de máquinas tragaperras no hace falta vestirse así, pues el ambiente es más bien desenfadado.

Otra solución es ir a cenar al Ritz o, simplemente, ir a tomar una copa de champán en el bar del hotel. Haz ver que te esperan en una velada. O bien elige una representación de gala en la ópera. De otro modo, sólo te quedan las galas de beneficencia, pero el ticket de entrada suele ser muy elevado.

Casarse

Para este momento único debe preverse un vestido único, de cuento de hadas. Si eres joven y es tu primer matrimonio, los padres suelen ayudar un poquito, o financiar todos los gastos. En cambio, si ya llevas unos años de vida en común y tienes hijos con tu futuro marido, la familia está menos dispuesta a ayudar.

Para el vestido pueden estudiarse tres soluciones: la *boutique* de moda, la modista o el *prêt-à-porter* especializado en vestidos de novia. Se trata de una elección que debe depender de tus gustos y de tus posibilidades económicas.

Por otra parte, el vestido debes adaptarlo en función del lugar de la ceremonia. Una boda en la ciudad exige un estilo más sofisticado. En este caso, debes preferir el color marfil, que es más refinado que el blanco. De hecho, los buenos materiales como la seda a menudo son de tonalidad marfil.

Una boda bucólica va bien con un estilo campero, más estival, con materiales como el algodón y el lino, más bonitos si son blancos, adornados con bordados ligeros a la inglesa.

No hay limitaciones en cuanto a longitudes, desde la mini hasta el vestido largo con cola de princesa. Lo ideal es elegir un vestido de novia que se transforme para la noche, por ejemplo un vestido *bustier* o uno de cintura alta, muy cerrado, muy puro, recubierto por una estola o un caraco que puedas sacarte para la fiesta.

Ve con cuidado cuando estés con la modista: la forma puede ser magnífica, el vestido perfectamente cortado, pero el conjunto se puede ver arruinado por un tejido corriente.

El menor detalle debe estar impecable, integrarse en una armonía total, de la cabeza a los escarpines, pasando por el ramo.

El maquillaje tiene que ser muy ligero, hay que jugar la carta de la transparencia, del frescor. Es el momento ideal para recurrir al arte de un maquillador profesional. Vigila también tu peinado: el moño y los tirabuzones no son obligatorios y podrían dar una impresión demasiado afectada.

Puedes adoptar cualquier estilo, siempre que estés fascinante.

Haz las maletas

✽ FIN DE SEMANA

Dos o tres días de descanso. ¡Por fin! Para estos momentos privilegiados, elige las prendas que no te pones en el trabajo, para variar un poquito: un gabán de color vivo, polos grandes, jerséis o camisetas anchos. Se trata de relajarte por completo. También puedes adoptar el look juvenil: el pantalón baggy, el peto de pana y las grandes zapatillas-bota de deporte.

Maleta de otoño

Si tu estancia no pasa de cuatro días, coge una maleta que puedas llevar contigo en el avión:

- 1 peto o 1 falda larga.
- 2 o 3 bodys o jerséis cálidos.
- 1 jersey grueso.
- 1 pantalón ancho y 1 pitillo.
- 1 túnica o 1 camisa.
- 1 vestido de punto que no se arrugue, que no ocupe lugar y que pueda servir de noche. (Teniendo en cuenta que tal vez no lo lleves, pues las noches de otoño incitan más bien a ponerse un pantalón y una camisa.)
- Zapatillas de deporte y zapatos de montaña.
- Calcetines y un par de medias.
- Lencería de algodón, con un sujetador de tipo deportivo.
- Para una escapada con tu pareja en un hotel o un parador, no olvides el vestidito

negro para la cena, o un pantalón estrecho que puedas llevar con un jersey escotado y tacones altos. Evita el traje chaqueta elegante y estricto durante el fin de semana, pues tendrías la impresión de estar en la oficina.

• Si vas a un hotel, piensa en llevarte tu traje de baño.

Maleta de verano

Opta por vestidos que no se arruguen y sobre todo piensa en una prenda de lana fina, en previsión de la ligera brisa nocturna.

• 2 o 3 pantalones.

• 2 camisas.

• 2 o 3 camisetas.

• 1 falda o 1 vestido holgado para la noche.

• 1 cárdigan.

• Zapatillas de tenis o mocasines, sandalias planas y un par con tacones altos para la noche.

Aunque la perspectiva es paradisíaca, es complicado confeccionar la maleta para el sol en pleno invierno, o viceversa; nos sentimos desfasadas y las prendas de verano

ya están guardadas, incluso olvidadas desde
hace tiempo.

• Comprueba las condiciones
meteorológicas, aunque no vayas a
emprender la vuelta al mundo en velero;
siempre resulta juicioso informarse antes de
partir acerca de las condiciones climáticas,
sobre todo en lo relativo a las temperaturas
nocturnas.

• Y sobre todo, no abroches la maleta
en el último minuto; es el mejor método
para olvidar algo, a veces incluso lo esencial.
El riesgo clásico es el de llevarse tres
prendas inferiores y una sola superior. A
menos que busques un buen pretexto para ir
de compras a lo grande durante el fin de
semana... Repite, pues, este ejercicio
saludable: reúne tus conjuntos antes de salir
de viaje para estar segura de que llegarás
con tantas prendas superiores como
inferiores, con un pequeño suplemento para
darte el gusto de dudar.

❀ VACACIONES

¿Qué hay más agradable que un fin de
semana? Las vacaciones, con todo el tiempo

del mundo para instalarse y respirar tranquila. De ahí la necesidad de una maleta bien pensada.

La elegancia en la cumbre

Cada año, la preparación de las vacaciones a la montaña se transforma en un verdadero rompecabezas. ¿Cómo evitar partir con tres maletas por persona, sin contar la bolsa para los zapatos y el neceser?

• De entrada, es inútil llevar tres monos de esquí y vestidos de noche. Siempre tenderás más o menos a ponerte el mismo conjunto, el que te hace sentir más cómoda en el ambiente de montaña. Lo que sí debes llevar son varias prendas tipo jerséis o camisetas, para ponerte debajo.

• En primer lugar, elige preferentemente un *mono de esquí* sobrio, de color liso, para que puedas ponértelo varios años. Es inútil llevar el modelo supermoda, de color fosforito, que será totalmente hortera al año siguiente. Sin olvidar, además, que de hecho sólo se lleva unos seis días por año. No olvides comprarlo bien amplio. Te sentirás más cómoda una vez lo lleves.

• Como recambio, y en previsión de una caída inesperada en el fango o de una ducha de nieve, llévate un *pantalón tubo* o un peto oscuro que pueda combinar con tu anorak. Aunque es necesario llevarse dos equipos para esquiar, resulta superfluo invertir en dos monos.

• El *anorak* es, evidentemente, indispensable. Puedes enrollarlo en la maleta como un edredón y viajar con tu abrigo de invierno, ya sea de lana o de piel.

Sobre todo, evita los gastos inútiles, pues los deportes de invierno ya son bastante costosos de por sí. No vale la pena comprarse un abrigo para la ocasión, a menos que quieras exhibirte en las terrazas. Lo llevarás tan sólo para los paseos por el pueblo, para viajar o tal vez para salir de noche.

• Prevé *zapatos* gruesos con corchetes, que puedes llevar bajo un pantalón pitillo o uno de pana. No te costará nada encontrarlos, pues están de moda.

Ante todo debes optar por la comodidad y la calidad con zapatos que soporten la nieve, preferentemente de cuero natural. Recuerda engrasarlos como es debido.

• El gorro, los guantes y las gafas con cordón son indispensables. Los puedes comprar fácilmente en el lugar mismo, para irte ambientando mejor. Aunque te pirren las compras de artículos para la nieve, es mejor comprarlos cuando estés en la montaña. En la ciudad no siempre tenemos la mente dispuesta a elegir un gorro.

• Es inútil llevarse una colección completa de *jerséis* gruesos, pues en la montaña el sitio para guardarlos suele ser limitado. Nunca hay lugar suficiente para ordenarlo todo, y nos solemos pasar un cuarto de hora luchando para que quepa la ropa. Piensa más bien en jerséis finos, tan cálidos y confortables como los gruesos, como un cachemira de cuello alto.

• Para la noche, coge una *falda* larga de tejido bien grueso, ideal para la altitud.

• La montaña es la ocasión para explotar el folclore de los países fríos, como la camisa de cuadros de tipo canadiense, el jersey nórdico de jacquard blanco y negro o el chaleco austríaco de lana con fieltro. Los recuerdos de viaje deben adaptarse a la nieve.

• Un bonito *chal* siempre será bienvenido. En los interiores debes pensar en superponer prendas. La ducha escocesa es frecuente: te ahogas en el comedor del hotel y te hielas a la mínima que pasas delante de una puerta.

• Evita coger sólo jerséis escotados para la noche; si pillas una insolación estarás contenta de disponer de una prenda cerrada.

• Llévate, evidentemente, *ropa interior* cálida, de lana y seda.

• La *riñonera* es imprescindible en la montaña; es práctica y puedes llevártela a todas partes, de día o de noche. Además, es agradable tener las manos libres, hasta el punto de que nos cuesta abandonarla cuando volvemos de vacaciones. Es oportuno elegir un modelo simple, de color liso, que se adapte tanto a un mono de esquí como a un atuendo más refinado. De todos modos, procura no ceñírtela sobre un jersey grueso, pues te encontrarías rápidamente con una silueta deforme. Es mejor llevarla sobre un jersey, con una chaquetita por encima.

Puedes elegirla a juego con tu maleta y colocarla dentro para el viaje.

• Cuando vuelvas, no olvides preparar tus próximas vacaciones en la nieve: haz lavar

todas tus prendas y procura guardarlas juntas. De otro modo, olvidarás el material del año anterior, desparejarás la ropa y tendrás que volver a comprarlo todo inútilmente. Luego debes guardar las prendas en fundas de plástico con cremallera, como las que envuelven los edredones cuando se compran, o en cestos ordenados en el armario.

A la última en la playa

Para una semana en una isla desierta, o casi, ¿por qué sobrecargarse? El objetivo es vestirse lo menos posible.

Debes llevarte varios trajes de baño, pareos y un vestido para ir a bailar por la noche.

• Los *trajes de baño*: biquini, bañador y un tanga para broncearte con toda tranquilidad. Este último elígelo muy plano para ponértelo bajo el bañador, que sea fácil quitárselo discretamente en un rincón.

• El *pareo*: mejor si no va a juego con el traje de baño. Es la ocasión ideal para aprovechar los trozos de tela comprados en vacaciones anteriores y que habrás cosido o hecho coser.

• También es el momento para llevar tus *joyas* de fantasía, grandes y coloreadas; si estás bien morena y tranquila te atreves a cosas más espectaculares.

• El *vestido* camiseta largo es agradable y práctico. Lo puedes llevar tanto durante el desayuno como por la noche con un bonito collar.

• Un *cárdigan* caliente es indispensable si el tiempo refresca.

• La colección completa de escarpines de tacón alto no es muy útil en las Seychelles. Los puedes dejar en el armario, pues no están concebidos para deambular por la arena o por los enrejados de madera. En general, la caminata termina con las sandalias en la mano. El gesto es bonito, casi al estilo de Hollywood, siempre que no abuses de él.

• Si pasas tus vacaciones en un litoral más fresco o húmedo, como el Atlántico o el Cantábrico, no debes preparar la misma maleta que si vas a las islas. Es inútil llevarte una caterva de vestidos sin mangas. Piensa en los pantalones, en los jerséis tipo marinero, en el impermeable; opta sobre todo por el azul marino y el blanco. Para

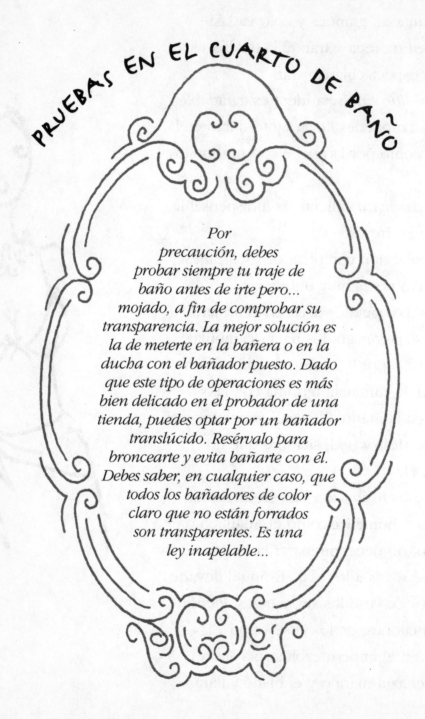

PRUEBAS EN EL CUARTO DE BAÑO

Por precaución, debes probar siempre tu traje de baño antes de irte pero... mojado, a fin de comprobar su transparencia. La mejor solución es la de meterte en la bañera o en la ducha con el bañador puesto. Dado que este tipo de operaciones es más bien delicado en el probador de una tienda, puedes optar por un bañador translúcido. Resérvalo para broncearte y evita bañarte con él. Debes saber, en cualquier caso, que todos los bañadores de color claro que no están forrados son transparentes. Es una ley inapelable...

integrarte en el ambiente tendrás ganas de llevar un bonito jersey de marinero en el Atlántico, del mismo modo que un vestido tipo ibicenco en el Mediterráneo. Se trata de prendas que también pueden guardarse para el año que viene.

• El *short* corto es perfecto cuando se es joven y se tienen unas piernas hermosas. De otro modo, es preferible decidirse por el género militar, un short con bolsillos, muy bonito si es beige o caqui. Se trata de una prenda imprescindible para viajar y para las expediciones por el desierto. No se pega a la piel, haga el calor que haga, y permite estar cómoda en todas las latitudes.

• Prevé igualmente un *pantalón* ancho de hombre. Todas las prendas masculinas «femineizadas» son agradables para el sol, pues son anchas, confortables y tienen bolsillos. Son impecables a juego con el gorro, el sombrero, las zapatillas deportivas o las alpargatas, así como con la chaqueta-camisa.

• En la playa, los *accesorios* para el cabello son muy útiles, si no te pirran los gorros de baño: clips, cintas y pañuelos pueden ayudarte a salvar la papeleta cuando

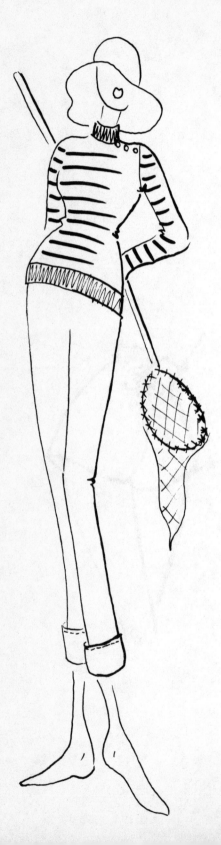

sales del agua, en general totalmente hirsuta o hábilmente despeinada.

En un crucero

En el mar, la elegancia es una regla, aunque no cenes todas las noches en la mesa del capitán. Es inútil ceder al pánico en previsión de las veladas elegantes. Incluso en los cruceros más «chic», el estilo desenfadado cada vez es más frecuente. No olvides, además, que los armarios de los barcos son liliputienses.

Si no tienes nada en tu reserva, compra prendas que puedas volver a ponerte en tierra, inventando nuevos empleos o desparejándolas. De ahí el interés que tiene elegir ropa sobria, como un vestido largo con tirantes, negro, de crepé, una falda larga o un pantalón negro brillante. Para variar, puedes jugar con las prendas superiores, un *bustier* de encaje si tienes el humor travieso, o las lentejuelas para la cena de gala. De esta manera estarás equipada para el abordaje de las veladas. Cuidado con las insolaciones: la crema de protección total es indispensable si quieres evitar el escote rubicundo.

• Cada mujer tiene en sus armarios tesoros ocultos, cosas que pueden transformarse, cambiar de utilidad. Deja que tu imaginación vague para modificar vestidos antiguos, para sacar los resultados de tus compras en el extranjero, un chaleco oriental con perlas sobre una falda larga, una chaqueta china sobre pantalón negro, una blusa blanca bordada. Piensa en la tendencia étnica, que vuelve a estar de moda.

• La elegancia no pasa forzosamente por el vestido de tafetán con unas enaguas. El auténtico vestido de noche debe ser de calidad, perfecto, bien cortado. No soporta la mediocridad.

• Si tienes un buen escote, opta por el vestido *bustier*. Si no tienes atributos voluminosos, elige más bien un vestido con escote recto. O bien haz trampas con rellenos.

• Atrévete también a inventar cosas nuevas, con un bonito tutú negro bajo una chaqueta corta de satén (que además no ocupa mucho en la maleta, pues puede apretarse mucho).

• No olvides tus joyas, que «visten» a una prenda escotada. Ni los accesorios de fantasía,

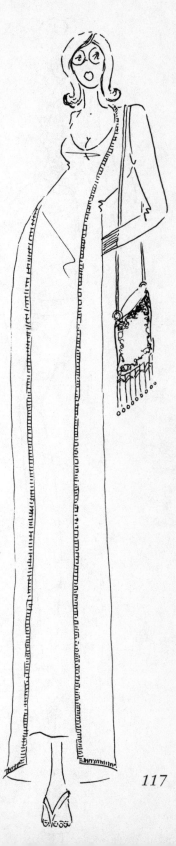

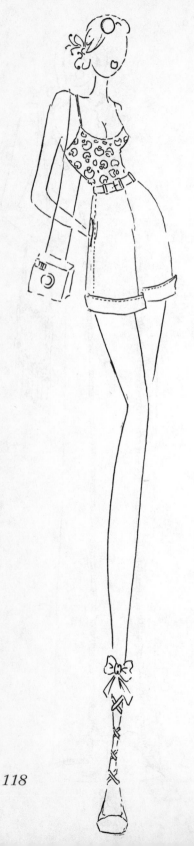

pues tus joyas, «las de verdad», normalmente estarán durmiendo en la caja fuerte.

• Finalmente, llévate perchas con pinzas, pues no suele haber muchas en las habitaciones de hotel o en las cabinas de los cruceros.

Escapada urbana

Una vez has colocado a los niños y has dejado las preocupaciones en la oficina, llega al fin el día de partir hacia una inmersión total en Amsterdam, Roma, Londres o Nueva York. La comodidad es indispensable para pasearse por las galerías de los museos y por las calles. Pantalón, calzado plano ya bien rodado, bolso en bandolera o mochila, blazer tweed en otoño, pelliza en invierno, cárdigan en verano. No te dejes la elegancia en tu país natal con la excusa de aumentar tu cultura. Por favor, nada de shorts en la ciudad, ni atuendos playeros en general. Si la idea de entrar en el museo del Prado en chanclas te parece inconcebible no hay ninguna razón para reproducir lo mismo con el pretexto de que estás en el extranjero.

Con unas piernas bonitas y bronceadas, nadie te prohíbe el short largo, los calcetines cortos, las zapatillas deportivas y la faldita ligera de tela. Para las noches de verano, no te compliques la vida, opta por una indumentaria similar a la que te pones para salir por la noche en tu país.

El entorno influye en la manera de vestirse; se tendrá una tendencia natural a arreglarse más en Italia que en ciertos países nórdicos, cuyas mujeres suelen tener un aire más natural. Obviamente, si te vas a Viena, con una velada de ópera en programa, es preferible prever la ropa adecuada. Si te tienta el festival de Salzburgo, debes saber que es imperativo el vestido de noche. Pero el vestido tipo baile vienés no es obligatorio, y un pantalón negro o una falda larga irán la mar de bien, siempre que no los lleves con un jersey de camionero.

Choque cultural

Primer reflejo en el extranjero: adaptarse a los códigos en vigor en los países visitados. Es inútil llevarse un *chador*, pues los países en los que es obligatorio no suelen ser metas

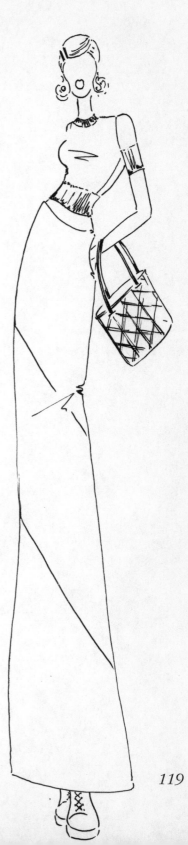

del turismo. En cambio, vuelve a poner dentro de la maleta el short, la minifalda y la camiseta escotada y ceñida cuando te pasees por países de religión islámica, por un lugar de culto en todo el mundo o por el barrio ortodoxo de Jerusalén. ¿Por qué arriesgarte a disgustar a la población, a que te miren mal, incluso a que te insulten?

En cambio, nadie tendrá nada que decir si vas de compras con tus Nike por Nueva York. Eso sí, en Roma o en Milán, las vendedoras podrían mirarte por encima del hombro.

Si vas a Londres, es el momento de ponerte tus prendas extravagantes, hiperexcéntricas; no sorprenderá a nadie, más bien al contrario.

En Estados Unidos, así como en muchos países del continente americano, evita las piernas desnudas bajo la falda corta. Las estadounidenses siempre se pasean con medias, incluso en plena canícula.

En Asia no existen verdaderamente normas para los turistas, pues se considera a los europeos como muy diferentes, auténticos extranjeros. Siempre que no se caiga en lo impúdico, el resto importa poco a los anfitriones asiáticos... Por ejemplo, las transparencias pueden sorprender en algunos países de Asia.

De todos modos, para evitar todas las situaciones ridículas, es preferible no probar las compras «folclóricas» en aquellos países. A los ojos de la población podría parecer que vas disfrazada o, directamente, que estás cómica, si vistes con un traje local.

Si no lo resistes y quieres llevar en seguida tus descubrimientos, es preferible que te informes para evitar equívocos, como llevar en una velada encopetada vestidos destinados al servicio de cocina. Por otra parte, en Asia siempre causarás mejor efecto con vestidos europeos, y viceversa.

Cuidados de belleza

Un atuendo elegido con arte y gusto está bien. Es el primer paso para ponerse guapa. Pero debe completarse con unos gestos simples y atenciones que te prodigarás tú misma.

La tez

El maquillaje ya hace tiempo que no es una máscara. Actualmente ya no se trata de disfrazarse, al menos de día, sino de acentuar la belleza y el frescor de la tez y de disimular sus imperfecciones. Lo natural ha vuelto al galope, y ha adquirido un notable vigor. Lo ideal para el rostro es no alejarse de tu color natural, a fin de embellecerlo. ¿Hay algo más feo que un bronceado falso sobre un rostro lívido?

A diario

Primera regla básica: limpiarse bien la cara cada noche. Una piel limpia es la condición esencial para acertar en el maquillaje. Luego bastará un poco de colorete ligero y de polvos para lucir mejor aspecto. Los maquilladores profesionales primero extienden el colorete con una esponja húmeda y aplican los polvos con un pincel grueso. Si te sientes más cómoda aplicando el polvo con una almohadilla, no cambies tus costumbres.

En cuanto a los ojos, de día basta con un toque de lápiz, una pizca de sombra de ojos de tono natural, pardo o gris, y un ligero toque de rimmel. La tendencia actual es más bien austera, alejada de los ojos de cervatilla de los sesenta o de las exageraciones de los setenta. La moda de hoy autoriza una dosis de brillante y purpurina en tonos gris-plateado.

Por la noche, el maquillaje se suele llevar más acentuado, los ojos más «cargados» y la boca más roja. Siempre es preferible dibujar el contorno de los labios con un lápiz más oscuro que el habitual y luego rellenar las dos «casillas». Para resplandecer al máximo, piensa en los polvos brillantes. Y si tienes tiempo y lo necesario a mano, maquíllate a juego con tu atuendo...

Si no tienes ni un minuto entre la hora de salida de la oficina y la cena, aplícate el polvo compacto, quítate el pintalabios que ha sobrevivido a la jornada y vuélvete a dibujar la boca, hazte un trazo de lápiz en torno a los ojos y alárgate voluptuosamente las pestañas con rimmel.

Tres bellezas al día

¿Tu sueño es el de estar siempre impecable, con el cabello siempre en su lugar, los ojos claros pero profundos, la piel lisa? Te verás obligada a ponerte guapa por completo al menos tres veces al día. De otro modo, el peinado se volverá en seguida hirsuto, el maquillaje se derretirá vergonzosamente y la piel perderá frescor y uniformidad poco a poco.

Por la mañana, después del almuerzo y antes de salir de la oficina, deberás comenzar de cero. En efecto, añadir capas sucesivas es una mala solución; es preciso suprimir y volver a poner con toda delicadeza. Debes prever, pues, muestras de desmaquillador, a menos que puedas disponer en tu oficina de un cuarto de baño personal, reservas de algodón y productos fáciles de quitar. Aun así, las mujeres que llegan a doblegarse a esta disciplina tienen mucho mérito. En general, se suelen efectuar las dos primeras pruebas, pero una se salta la última para volver a casa bastante estropeada. Nos hemos acostumbrado a estar irreprochables fuera de casa, pero a abandonarnos una vez regresamos al redil.

Rubí en las uñas

Buena noticia: hoy en día se admite que el pintauñas no vaya a juego con el pintalabios. Pero tal vez no estabas al corriente de esta regla que convertía a las uñas y los labios en una pareja indisociable en relación al color, como el bolso y los zapatos de cocodrilo de los años sesenta. Para cada día, es preferible elegir un color de uñas natural, como tu piel. Es más práctico y menos feo si se escama. Por la noche, las manos con las uñas pintadas son magníficas e impresionantes, siempre que el barniz se aplique de manera impecable, preferentemente por un profesional. Si te apetece disfrazarte de hada o de vampiresa, haz que te pinten las uñas de color azul, al menos por una noche.

Un mechón de cabellos

Has llegado a este mundo con un color de cabellos bien definido, moreno como la noche, rubio como el trigo o pelirrojo como el sol: conserva tu color natural. En cambio, las hay que han heredado matices que

TRUCOS MATINALES

¿Tienes los ojos hinchados? Si es así, prepara té; basta apoyar suavemente una bolsita tibia contra los párpados para descongestionarlos. Una solución más brutal, pero también más eficaz: cubitos envueltos en un guante de toalla. El «shock» es rudo, pero radical.

¿Y si por la noche han surgido tres granos monstruosos? La única solución es el producto contra las ojeras, que puedes aplicar suavemente a fin de evitar que se puedan ver costras traidoras.

podríamos llamar, con toda libertad, sosos, como el castaño tristón. En este caso, está bien animar el color básico para aclararlo u oscurecerlo, y así iluminar la tez. Las jovencitas deberían saber, de todos modos, que el tinte es un ciclo infernal: una vez nos hemos teñido los cabellos, nos vemos obligadas a volver regularmente a la peluquería, y así *ad vitam aeternam*. De ahí el interés de frecuentar a un peluquero agradable y de que te guste el ambiente de la peluquería. De otro modo hay casi para tirarse de los pelos.

Si tienes la suerte de escapar al tinte durante una buena parte de tu existencia, podría estarte esperando a la vuelta, cuando llegan las canas. Del mismo modo que la cabellera de nieve es bonita cuando llega temprano en la vida, también confiere mala cara y hace parecer más vieja a partir de cierta edad. Pero si la asumes, consérvala. Cada mujer reacciona de forma diferente en

ELEGIR EL PINTALABIOS

Los colores rojos vivos y sombríos les sientan bien a las morenas, pero endurecen a las rubias.

• *Si tienes la boca pequeña, evita los matices demasiado oscuros, que encogerían tus labios. Utiliza el lápiz para el contorno, ideal para aumentar el tamaño de tu boca.*

• *¿Quieres ganar un poco de relieve? Aplica un toquecito de brillante en el centro de los labios.*

• *A partir de cierta edad debes prescindir del pintalabios demasiado graso, pues se incrusta entre las arrugas.*

• *De día, opta por un rosa pardo natural. Otorga un matiz fresco y goloso, como el de una boca de niña que acaba de morder una cereza. Si quieres una imagen sofisticada, opta por el pintalabios rojo sombrío.*

• *Para la noche todo está permitido, en función de tu atuendo. Los colores sombríos se animan de forma muy agradable con un pintalabios rojo fuerte. Los pasteles y los matices de gris casan de maravilla con tonos suaves.*

• *En verano, es el momento de jugar con los tonos impertinentes: un naranja o un rosa fosforito, combinado con vestidos de color vivo.*

relación a la edad y a sus manifestaciones, a veces desagradables. ¿Prefieres teñirte los cabellos y hacerte un lifting? Pues adelante, sin complejos. La cuestión no es querer parecer diez años más joven, sino querer vivir la edad de cada una lo mejor posible.

Ricitos de oro

Las mujeres que tienen el cabello grueso y muy rizado se precipitan para que se lo alisen, mientras que sus hermanas, con el pelo liso y fino, sueñan con una melena abundante y rizada. Dado que aún no se ha previsto que se pueda efectuar intercambio de cabelleras, no queda otra opción que contentarse con la suerte de cada una o visitar el salón de belleza. Si vas al peluquero con una frecuencia razonable, sin duda has logrado heredar un corte práctico, es decir, que tienes la posibilidad de peinarte sola. No hay nada peor que salir la mar de guapa de la peluquería, con un magnífico peinado, y encontrarse unos días más tarde sin forma, con el pelo caído. Inclínate por lo natural, un corte simple, fácil de peinar, a juego con la forma de tu cara, con un volumen bien pensado. El cabello largo suelto les va mejor a las mujeres jóvenes. Después de cierta edad, nada prohíbe conservar el pelo con cierta longitud, siempre que se recoja. Evita presentar un aspecto afectado, con laca por todos lados, a menos que vayas a un casting para la nueva versión de Dallas. Ciertamente, el peluquero, incluso el mejor, puede que no encuentre a la primera el corte ideal. Es mejor tener una relación de confianza con él y no cambiar cada mes, a menos que queramos ser una mujer nueva cada vez. Y si realmente quieres cambiar de aspecto, aunque sea por una noche, prueba los rimmels para el cabello: puedes pintarte mechas como un arco iris.

El cuarto de baño para ti sola

Paradójicamente, un viaje de negocios puede ser sinónimo de relax y cuidados de belleza. En tu habitación de hotel, sola, sin niños que cuidar ni casa que ordenar, no te queda más que ocuparte de ti misma. Nadie intentará expulsarte del cuarto de baño; por fin podrás tomar un baño prolongado. Así que provéete de pastillas relajantes para

A LA VUELTA

Cuando estés de vuelta de las vacaciones, bien morena, prepárate para todo el año; piensa en una limpieza corporal para eliminar las células muertas de la piel.

beneficiarte aún más de este instante de reposo.

También es el momento para realizar las operaciones que nunca tienes tiempo de hacer en casa: pasar un rato con una mascarilla de belleza, hidratarte el cuerpo con una leche corporal bien grasa o cuidar tus extremidades, manos y pies, con una buena crema.

Si tienes aún más ganas y no esperas ninguna visita sorpresa, ¿por qué no pruebas la hidratación total, aquella que sólo se practica una vez por año (si es que se hace)? Se trata de untarse los pies y las manos con una crema muy grasa, sin olvidar el contorno de las uñas, de cubrirlo todo con guantes y calcetines cortos de algodón y de abandonarse de este modo al sueño.

El neceser necesario

Nunca debes viajar sin unas pinzas de depilación; siempre puede surgir un pelo más largo de lo previsto. Para viajar con menos peso, consigue unas cuantas muestras: colorete, crema de día y de noche, desmaquillador. Sin olvidar los algodones de varilla, indispensables para rectificar un maquillaje obstinado. Y el secador, con el adaptador de corriente para algunos países extranjeros.

El armario y sus perchas

Abrir el armario por la mañana y quedar inundada por una tonelada de prendas no es muy agradable que digamos. Un armario bien ordenado evita estos inconvenientes, así como encontrarse con toda la ropa comprimida y arrugada. También permite ganar tiempo; es imposible vestirse por la mañana si las perchas están revueltas. Todos los vestidos deben estar, evidentemente, limpios y preparados para ponérselos (sin un botón que falte o una vuelta por coser). Para proteger los vestidos del polvo, la puerta correspondiente a los colgadores siempre debe estar cerrada, o equipada con una cortina montada en una barra.

Colgar

• Cuando vuelvas por la noche, procura colgar inmediatamente tus prendas. Dos horas

apelotonados en el recibidor bastan para que el abrigo o la chaqueta pierdan su forma.

• Para colgar tu ropa, elige preferentemente perchas de madera (siempre que tu colgador sea lo bastante amplio, pues tienen el inconveniente de ocupar mucho espacio). Dispón las perchas siempre en el mismo sentido; de este modo se encajan y ocupan menos. También resultará más práctico para sacar una del armario.

• Las prendas grandes (chaquetas con hombreras, abrigos...) deben colgarse en perchas anchas que mantengan la forma del vestido.

• Las prendas más ligeras pueden colgarse en perchas finas y planas.

• Los vestidos de tirantes se cuelgan en perchas antideslizantes, pues de otro modo resbalarán sin cesar. Otra solución es la de pegar trocitos de fieltro en los extremos de las perchas de plástico para que aguanten las prendas con tirantes.

• Los pantalones sin pliegue y las faldas deben colgarse en perchas con pinzas.

• Los pantalones con pliegue se colocan a caballo en una percha.

• Una camisa de mujer debe ponerse en

una percha, procurando abrocharla para que el cuello no se deforme.

• Las prendas de punto no se cuelgan, pues se deformarían.

• Debes prever asimismo una barra para los cinturones y los pañuelos de cuello.

• Para los zapatos, la mejor solución es ordenarlos en barras a lo largo de una pared, más que amontonados. En cambio, a menos que dispongas de hormas especiales, las botas puedes colgarlas en perchas con pinzas para que conserven su forma.

Doblar

• Las camisas de hombre se doblan, así como las prendas de punto.

• Cuando dispongas en pilas separadas tus jerséis finos, jerséis gruesos, camisas, camisetas, pijamas y camisones, pon al alcance de la mano todo lo que lleves más a menudo.

Poner en cajas

• Las medias se guardan en cajas provistas de etiquetas para distinguir las

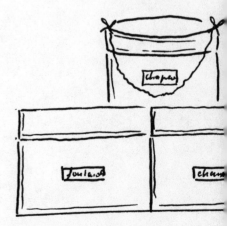

opacas de las transparentes, y los pantys de
las medias.

• La lencería también se dobla en cajas
que se dejan abiertas, o en bolsitas de
plástico transparente.

• Los sombreros y los bolsos deben
protegerse con cajas si son de fieltro o de
terciopelo, materias que absorben mucho
polvo.

• Puedes reservar una caja para los
guantes y otra para las gafas.

• También puedes guardar tus joyas en
cajitas que hayas podido comprar en un
mercadillo o en el rastro (como los casilleros
antiguos de caracteres de imprenta). O bien
colgarlas, como mariposas, en un panel
cubierto de tela, o simplemente en un rincón
de la pared. De este modo lo tienes todo a
la vista y puedes elegir.

Lo ideal es poder tenerlo todo a mano y
no crear demasiado desorden.

En una vitrina

Si dispones de una bonita vitrina
cerrada, puedes guardar en ella los bolsos
de noche y las gafas. Constituirá un

hermoso elemento de decoración y una protección.

Ordenar con sentido común

Si dispones de un piso grande, es muy práctico tener dos armarios distintos. En el primero, guardas las prendas que se conservan de año en año. En el segundo, la ropa de temporada.

• Cuando vuelvas de las vacaciones de verano, agrupa pareos, shorts, vestidos de tirantes y trajes de baño. (No olvides guardar un bañador al alcance de la mano para las actividades de piscina o los fines de semana.) Para tus prendas blancas, piensa en fundas de algodón azul claro, que según se dice impiden que se amarilleen.

• El guardarropa de pleno invierno debe guardarse en marzo, preferentemente en fundas de plástico (y sin olvidar la naftalina).

De esta manera podrás disponer de forma permanente de tu guardarropa de fondo, el que se lleva entre estaciones, en veranos frescos o inviernos suaves. Será tu «fondo» principal, con vestidos adaptados

LA MEMORIA EN BLANCO

Si tu armario te parece vacío, comprueba que no hayas olvidado algo en la tintorería.

135

para abril o septiembre, poniéndote según la temperatura una «capa» suplementaria.

En seco, en caliente, en frío

• A veces una prenda indica «limpieza en seco» porque el fabricante no quiere arriesgarse. Ahora bien, se pueden lavar en frío, a máquina, numerosas prendas de viscosilla y de lycra, aunque se recomienda sobre todo la limpieza en seco.

• En cambio, no intentes lavar en casa piezas dotadas de hombreras, como tu traje chaqueta y tu abrigo de lana. Llévalos directamente a la tintorería.

• Evidentemente, cuando se indica 100 % lana, el lavado a mano es indispensable.

• Para lavar el anorak puedes usar la máquina. En la secadora, piensa en colocar una pelota de tenis. No sólo para ofrecerle una compañía deportiva, sino porque la pelota sacude las plumas, que de este modo se vuelven a repartir bien.

• Los jerséis ligeros deben dejarse secar en una percha, y lo ideal es disponerlos encima de la bañera. Luego son más fáciles de planchar. Los jerséis

lavar en agua tibia
no usar lejía
plancha a temperatura media
limpieza en seco
no secar en secadora

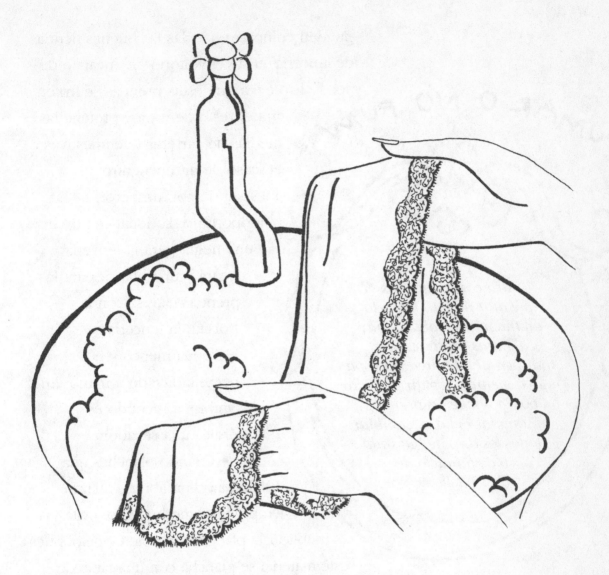

pesados se dejan secar en posición
horizontal.

    • Las materias nuevas, como la
viscosilla, se arrugan poco.

    • Para la lencería y las medias, dispónlas
en una bolsa o una redecilla de tela (se

137

FUMAR O NO FUMAR

Para todas aquellas que aún no han logrado abandonar el tabaco, hay algunas precauciones indispensables: airear la ropa muy a menudo, evitar guardar por la noche las prendas ahumadas del día, cambiar todos los días de bufanda o de pañuelo de cuello.

pueden comprar en todas las buenas tiendas de lencería). Este envoltorio de encaje o de tejido liso evita que estas prendas se froten contra el resto de ropa y protege las medias de carreras intempestivas en caso de un encuentro inesperado con un botón inoportuno. Lo ideal es poseer una negra para la lencería oscura y una blanca para las prendas claras. Con la bolsita, la lencería se estropea menos y no necesita lavado a mano. En cambio, a menudo es alérgica a la secadora.

• Cuando planches una chaqueta o un abrigo, utiliza siempre un paño húmedo. Evita aplicar la plancha sobre terciopelo, pues este material se plancha con una tabla de clavos. Dado que es bastante raro tener una en casa, mejor ir directamente a la tintorería.

Tercera parte

En la playa, el 20 de
agosto, la idea de llevar algo
más que un pareo no se le ocurriría a
una persona normal. Y sin embargo,
mientras estás tendida en la tumbona, con la
cabeza bajo el parasol, te ves invadida por una
ola de chicas con abrigos, botas, bufandas y jerséis
de pura lana. No es un misterio, de hecho has
abierto tu revista de moda preferida, que trata ya de
la temporada fría. En lugar de meter la cabeza en la
arena intentando ignorar este retorno anunciado del
invierno, centra tu energía en estudiar las
tendencias del otoño. Cuando vuelvas a casa, el
tiempo pasará tan de prisa que ya no te quedará
ni un minuto. Mejor aprovechar estos
momentos en los que no haces nada para
juzgar lo que te gusta de la nueva
moda y pensar en lo que se
adapta a tu persona.

Las compras

Compras: Instrucciones de uso

A menudo compramos a toda prisa, a la hora del almuerzo, o por impulso cuando habíamos salido por otra razón. Intenta evitar las compras apresuradas, con un ojo puesto en el reloj en lugar de en el espejo.

Es fácil cometer un error, como salir de la tienda con un pantalón imposible de abrochar después de comer o zapatos demasiado pequeños porque querías de todas todas aquel modelo del que sólo había el número 37... cuando tus pies hace décadas que calzan un 38. Por no hablar del jersey rosa que seguro que te pondrás el año que viene. Objetivamente, existen muchas razones en contra de esta compra: el color ya no estará de moda, o bien no tendrás ningunas ganas de ponértelo, o te habrás vuelto alérgica al rosa.

Es preciso comprar para el momento presente, tener ganas de llevarlo en seguida, salvo, claro está, un vestido tubo de muselina comprado con vistas a una gala en Montecarlo. Y no compres una prenda con la excusa de que está bien de precio. Si es barata pero no te la pones, resulta más que cara.

También es preferible no pirrarte como una loca por un vestido que no te podrás poner, una blusa de encaje o un vestido enteramente transparente que hayas podido admirar en la última revista de moda. Una se dice que encontrará alguna cosilla para ponerse debajo y evitar ser acusada de atentado a las buenas costumbres. Ya puestas, mejor comprarlo todo de golpe, pues de otro modo no encontrarás esta barrera mágica en mucho tiempo.

Desde luego, siempre puedes ir a cambiar la prenda, a menos que la hayas comprado a raíz de un viaje a la otra punta del país o del mundo. Algunas mujeres también proceden a cambiar la ropa porque no ha gustado a su marido, pero por fortuna es bastante raro. Además, no siempre se tiene tiempo para dedicarlo a este tipo de actividades.

Las compras están bien si se hacen bien. De ahí la necesidad de consagrarles tiempo, antes que comprar rápido y mal, gastar dinero en vano y amontonar ropa que no te entusiasma. Desde luego, las pequeñas locuras siempre pueden producirse, sobre todo los días de «depre». El consejo es evitar los barrios elegantes ese día, y dejarte llevar por tiendas que no sean boutiques de alta costura.

Hoy en día existen numerosos lugares para comprar a buenos precios.

Lo «barato» ya no es sinónimo de «cheap», de artículos de mala calidad. Ahora es fácil encontrar bonitas prendas poco costosas y muy de moda.

De todos modos, es inútil hacerse ilusiones: la calidad llama al precio, y viceversa; si la chaqueta que has comprado por una cantidad exorbitante por la mañana se ha desintegrado por la tarde, estás en tu derecho de volver a la tienda y armar un escándalo. Te propondrán un cambio, o incluso te devolverán el dinero.

Invertir bien

• Por regla general, resulta más inteligente apostar por las prendas superiores, pues las inferiores monas y poco caras son más simples de encontrar.

• Invierte preferentemente en ropa que no sea de moda, en vestidos que duren más de una temporada, por ejemplo una bonita chaqueta de corte clásico, o un abrigo magnífico que te apetezca llevar varios inviernos. En el caso de una prenda «comodín», destinada a acompañarte durante mucho tiempo, la calidad debe primar.

• Muchas mujeres sueñan con regalarse un «must». Puesta a hacer una locura, mejor optar por el esmoquin Yves Saint-Laurent, el traje chaqueta Chanel o Lacroix, la chaqueta Gaultier o la parka Ralph Lauren. Nunca lo lamentarás, pues estas prendas se llevan durante años. En este caso, para limitar los gastos, inclínate más bien por realizar un esfuerzo financiero en una chaqueta o un jersey: un cachemira es insustituible, inimitable, y durará mucho tiempo, siempre que lo cuides bien.

• Recuerda que es prudente invertir para el invierno, pues es la estación que dura más; el verano se acaba pronto, apenas en tres meses.

• Del mismo modo, los zapatos de calidad son más rentables; un par con una mala combadura se quedará en el armario, pues no soportará tu ritmo y te hará sufrir.

No olvides las prendas superiores

¿Te pirras por una falda nueva? Piensa inmediatamente en la prenda superior que la acompañará.

Comienza por comprar lo que necesitas en lugar de seguir una tendencia muy natural: acumular siempre las mismas prendas y quedarte sin reservas del resto. El resultado será un armario atestado de una colección completa de chaquetas, sin ningún pantalón para meterte o el menor jersey correcto. Algunas mujeres amontonan también los pantalones, y otras lo hacen con los zapatos. No te ocultaré que es mi caso; tengo una tendencia muy molesta a multiplicar los pares de chinelas de tacón alto, que evidentemente llevo una sola vez

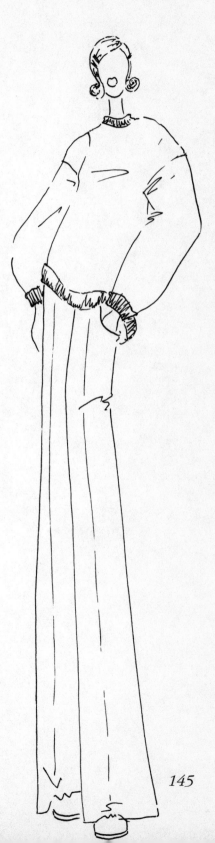

145

antes de ordenarlas con todo cuidado en el armario.

Así, a menudo lo que falta es la prenda superior. El error clásico es el de considerar que estás equipada una vez que has encontrado las prendas principales, pensando que el resto llegará con facilidad. Ahora bien, el jersey o la bonita camisa son más difíciles de encontrar y se estropean más cuando se lavan. Además, las encontramos caras en relación con los metros de tela de que se componen. Y sin embargo, las prendas pequeñas son fundamentales: sirven para variar, para cambiar de look, para transformar una indumentaria. Con un jersey color salmón o una camisa de satén negro, el traje chaqueta o la chaqueta encuentran una segunda juventud.

También son ideales para atreverse con los colores vivos o la transparencia. Si no nos sentimos cómodas, bastará con no sacarse la chaqueta. Es el toquecito que permite la excentricidad, mientras que presentarse con una chaqueta o un pantalón totalmente extravagantes es mucho más delicado.

MUJER PREVENIDA VALE POR DOS

*¿Cómo
juzgar la calidad de
una prenda? En la tienda hay
cuatro reflejos que no deben pasarse
por alto:
• Examina el interior y los acabados para
comprobar si las costuras resistirán el primer gesto
brusco.
• Observa la composición, aunque no siempre es fácil
de encontrar.
• Comprueba el modo de lavado, pues siempre es
desagradable introducir un jersey en la lavadora y
recuperarlo en talla bebé.
• Asegúrate de que la prenda no tiene tendencia a
formar bolitas, a hacer pelusilla, a absorber polvo, sobre
todo en el caso de los materiales cubiertos con fieltro.
Existe un quinto reflejo igualmente saludable: evita
comprar una prenda sin entusiasmo, con la
excusa de que no vale casi nada. En este
caso el ahorro distará mucho de serlo,
pues si no la has comprado
con gusto te la pondrás
bien poco.*

Rebajas a gogó

Numerosos lugares y ocasiones nos permiten comprar por menos dinero, sobre todo en el caso de las tiendas de fábrica, las ocasiones organizadas regularmente por muchas marcas, las cadenas especializadas en las rebajas permanentes, los almacenes de venta y las rebajas de temporada.

Para efectuar una buena compra es preciso contar con tiempo y buena vista, así como con cierta dosis de valentía, sobre todo en el caso de las ocasiones de marcas prestigiosas, en las que se dan cita grandes multitudes. El ejercicio comienza con unas horas de cola y prosigue con una refriega en la que cada cual intenta arrancar el modelo que le gusta.

Además, los probadores brillan por su ausencia y a menudo dudamos si sumarnos al striptease común.

La única solución para no comprar cualquier cosa es conocer bien las medidas de cada una y saber si aquella marca tiende a hacer las tallas más grandes o más pequeñas. En efecto, de una marca y de un

VISTA DE ESPALDAS

Antes de comprar es preciso pensar en mirarse de espaldas en el espejo. A causa de la costumbre, tenemos tendencia a mirarnos tan sólo por delante.

modelo a otro la diferencia puede ser considerable.

En cambio, siempre se puede probar una chaqueta o un jersey, aunque cultivemos el pudor.

Es arriesgado comprarse un pantalón sin probárselo, puesto que la longitud de la entrepierna y la anchura del muslo son difíciles de ver y varían según los modelos. En el caso de una camisa resulta más fácil: nos la ponemos delante para juzgar el efecto que causa.

Si dispones de cierto tiempo, es mejor ir como exploradora a la tienda antes de que comiencen las rebajas. Una vez allí, pruebas tranquilamente y buscas la ropa que te sienta bien. Eso sí, rezando para que el modelo no se venda para cuando lleguen las rebajas...

En el caso de rebajas clásicas en las que es posible probarse la ropa, es preciso saber jugar con los codos y hurgar de manera eficaz. La mejor solución para que no te quiten el único traje chaqueta que queda de la talla 38 es barrer rápidamente todos los estantes, coger el máximo de prendas hasta el probador y seleccionar en aquel momento.

Si eres totalmente alérgica al ambiente de las rebajas, de las colas y de los empujones, piensa en las cadenas de tiendas especializadas en ropa reciclada; en ellas puedes encontrar un abrigo de cuero por una cantidad irrisoria. Y no dudes en pasearte regularmente por los almacenes de venta de tu barrio, sin olvidar los mercadillos o el rastro.

Si conoces realmente bien tu talla y odias de forma absoluta la idea de entrar en una tienda, te queda la venta por correspondencia, gracias a la cual, hoy en día se proponen cada temporada numerosos modelos de creadores.

Con un presupuesto pequeño, es preciso encontrar tiempo para hurgar y hurgar. Yo, a los veinte años, me vestía en unos grandes almacenes la mar de corrientes, donde encontraba cosas curiosas que me divertía mezclar.

La opción de una marca

Si sueñas con las marcas prestigiosas, ¿por qué no regalarte un pequeño accesorio en una casa de alta costura, o

bien incluirlo en tu carta a los Reyes
Magos?

Es preciso atreverse a entrar en las
grandes boutiques, aunque temamos que
nos acoja fríamente la vendedora glacial de
turno. En primer lugar, no siempre sucede
así. Las estadounidenses que llevan zapatillas
de deporte no tienen ningún complejo y
entran tranquilamente en las mejores casas
de alta costura. Por otro lado, no hace falta
ruborizarse, pues eres una compradora
potencial, tal vez no de un traje chaqueta
carísimo, pero al menos de unas medias, un
lápiz de labios o incluso una bufanda
o una joyita. Te costará lo mismo que en los
grandes almacenes, pero esta compra te
procurará mucho más placer.

¿Con quién ir de compras?

No hay nada más agradable que ir de
compras con una amiga. Con tres
condiciones: que sea una buena amiga (de
otro modo podría convencerte para que
realizaras compras inútiles o ridículas); que
no sea modelo (pues no te atreverás a
comprar nada más); que vuestros

presupuestos sean del mismo orden (pues si no sentirás envidia si el suyo es superior o estarás incómoda si lo es el tuyo).

La compañía masculina raramente es ideal, a menos que te topes con un hombre especial, fanático de las compras, que sepa aconsejarte con pertinencia.

Por otra parte, siempre puedes probar con tu madre; sin duda estará contenta de pasar un momento contigo, aunque no apruebe todas tus compras. En cambio, si llevas a cabo una expedición con tu hija, tienes muchas posibilidades de pasar el día navegando entre las estanterías para adolescentes y de traerte una débil cosecha para ti misma.

A falta de amiga o compañero en quien confiar, el vendedor puede darte buenos consejos. Su principal interés es el de volverte a ver, más que el de empujarte a comprar cualquier cosa, arriesgándose a perder definitivamente una cliente. Se detecta bien rápido al vendedor que intenta endosarte un modelo imposible, al menos para ti. Es preciso saber resistir a un vendedor, saber oscilar entre el «bla-bla-bla» y la sinceridad. Si te sientes incómoda en tu ropa, no insistas.

Si las prendas necesitan retoques, procura que los hagan en seguida. Ciertamente, solemos tener ganas de irnos inmediatamente con la compra en la mano para probárnosla de nuevo delante de nuestro espejo. Pero luego, a menos que seas una buena modista, tendrás que correr a ver a tu madre o a una profesional y la operación será más larga que si lo hubieras dejado en la tienda. Además, las vueltas suelen ser muy poco costosas. Si te vas con tu ropa te arriesgas a esperar tres semanas. Si la das cuando la compras, en general podrás volver a contar con ella antes de 48 horas.

Shopping-fiesta

Lo ideal es reservarse una tarde de compras por mes, para que se convierta en una fiesta, con una parada golosa para degustar las pastas de té en la cafetería. Del mismo modo, es más juicioso reservar una jornada de belleza por mes, agrupando todos los cuidados, antes que correr primero a la *esthéticienne*, luego al peluquero, etc. Por la noche, estarás sublime. No olvides prever una salida para que te admire el mayor número de personas posible. Es bastante desagradable sentirse más bella que nunca sin poder compartirlo con nadie.

A veces he alquilado un coche con chófer. Dividiéndolo con tres amigas más, hemos pagado el equivalente de cuatro taxis. De esta manera tendrás realmente la sensación de ser una estrella que va de compras. Intenta mantener la sangre fría; te arriesgas a «quemar» tu tarjeta de crédito, a imaginar que tu billetero es tan suculento como el de Madonna. Es preciso conservar la conciencia de cuáles son tus límites bancarios y evitar las locuras.

Preparar las compras

Antes de salir en expedición de compras, es más prudente preparar una lista de «recados». Para ello, procede a la inspección completa de tu armario a fin de no comprar el vigésimo ejemplar de chaqueta negra, mientras que tal vez no tienes nada decente para ponerte debajo.

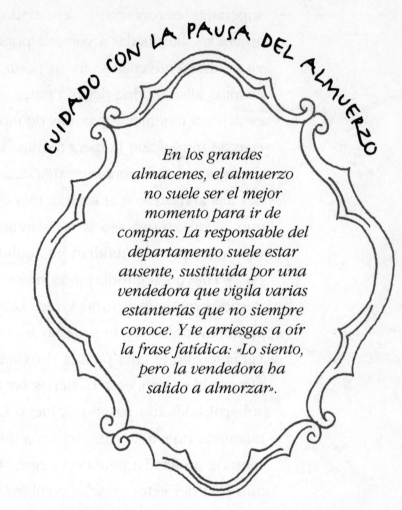

CUIDADO CON LA PAUSA DEL ALMUERZO

En los grandes almacenes, el almuerzo no suele ser el mejor momento para ir de compras. La responsable del departamento suele estar ausente, sustituida por una vendedora que vigila varias estanterías que no siempre conoce. Y te arriesgas a oír la frase fatídica: «Lo siento, pero la vendedora ha salido a almorzar».

¿Cómo puedes facilitarte la tarea? Al volver de las vacaciones de verano, que es el momento ideal, vacía tu armario por completo.

• Haz un primer montón con las cosas que ya no puedes llevar. Decídete por fin a evacuar las prendas definitivamente superadas, estropeadas o demasiado apretadas, destinadas a volver a ponerte victoriosamente cuando hayas perdido unos cuantos kilos. Podría llegar a pasar que estuvieran totalmente pasadas de moda cuando tu régimen hubiera terminado. Si te duele tirar cosas, ponlas en una caja y llévalas al trastero o al sótano. O mejor aún, llévalas a una asociación caritativa, donde tus prendas tendrán una utilidad.

• Haz un segundo montón con los vestidos que conservarás y reciclarás combinándolos. Te lo pruebas todo y así verás lo que te falta para la próxima temporada. Por ejemplo, tienes un vestido soberbio del año pasado. A juego con una chaqueta nueva, constituirá un atuendo muy de moda. Tu pantalón negro stretch aún está perfecto; podrías combinarlo con una camisa nueva de pana granate. Tu falda larga de flores aún se llevará muy bien con un jersey de color vivo. En cambio, tal vez te darás cuenta de que debes renovar tu stock de camisetas, pues no han resistido los numerosos lavados, o equiparte con un traje chaqueta para afrontar el invierno.

Combinar los colores

Al analizar tu armario, piensa en los colores. Es preferible, y mucho más rentable, comprar vestidos cuyas tonalidades casen bien con tu guardarropa.

• Si tu base es negra, añade más bien el marrón o el ciruela, si es preciso con un toque de frambuesa, o juega, como yo misma, con el contraste negro y blanco.

• Si giras en torno al marrón, complétalo con beige, gris o naranja.

• Si eres aficionada al rojo, apunta hacia el negro, e incluso hacia el amarillo. En todo caso, es más prudente elegir las prendas grandes en colores clásicos, que no cansan, como el negro, el marrón o el rojo. Una chaqueta de traje de color amarillo pálido podría parecerte horrorosa al cabo de unos meses de permanecer en el armario. En cambio, puedes divertirte componiendo paletas cromáticas con las prendas pequeñas.

No hace falta decir que el primer criterio es el de optar por los colores que te sientan bien.

Especial lencería

El sujetador

El sujetador no se ve, pero esculpe la silueta. Su elección no debe hacerse a la ligera.

La talla de sujetador combina dos criterios: el contorno del pecho, que determina la talla, de 75 a 130, y el contorno medido debajo del pecho, que corresponde a la profundidad de las copas, de A a E. En efecto, puedes ser menuda y tener senos grandes, o robusta con senos pequeños.

Pecho pequeño y espalda ancha 80-85

Los senos pequeños corresponden a copas A.

Con espalda ancha, es preferible reequilibrar la silueta con un volumen de pecho más importante, sobre todo porque la tendencia es la de ganar en «curvas». Para ello, evita el modelo triángulo, que aplasta el pecho, y elige más bien un sujetador con aros.

Si deseas aumentar tu capital natural, hay tres soluciones:

- la forma *balconet*, que realza el busto;
- la forma *top*, tipo deportivo, que abarca todo el pecho, a menudo con espuma;
- la forma «*push-up*», conocida sobre todo bajo el nombre de la marca Wonderbra (la primera que comercializó esta forma tan ventajosa), que eleva el pecho aún más gracias a una espuma voluminosa situada en los lados.

Pecho pequeño y tórax menudo 75-80

Si eres más bien menuda y pareces una adolescente, puedes jugar con un sujetador triángulo sin aros, o bien con uno invisible, sin costuras. Estarás natural y ligera.

Si quieres un volumen suplementario, adopta las mismas soluciones que tus compañeras de espalda ancha.

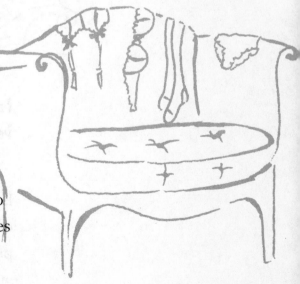

Si no quieres llevar nada, eres de las únicas que pueden hacerlo y seguir estando guapas. También puedes ponerte sujetadores que no sujetan nada, simplemente por el gusto de ponértelos.

UN SOUVENIR POCO HABITUAL

A todos nos gusta traernos algún recuerdo de los viajes. Seguro que te resulta familiar la imagen del tropel de turistas que inundan las tiendas de tu ciudad cuando llega el verano. Si ése es tu caso, ¿por qué no ceder a la tentación de comprar un bonito sujetador si piensas visitar una gran ciudad? A título orientativo, te diré que, por ejemplo, la talla 90 de España y Francia corresponde a la 36 en Estados Unidos. En cualquier caso, más vale que te asesores antes para no perder tiempo probándote varios.

Pecho medío con espalda ancha o tórax menudo De 85 B a 90 C

Tienes que equilibrar la proporción entre la espalda y los senos. Una vez hayas establecido de forma armoniosa esta proporción, puedes elegir el modelo que te guste, según tu humor, qué vestidos hayas elegido o la silueta que desees. ¿Quieres estar sexy? La forma balconet será la ideal. ¿O deseas estar natural? Es el día del sujetador invisible.

Pecho voluminoso y tórax pequeño
Por encima de 90

Bravo, coincides con la silueta ideal, con la femineidad absoluta, con la *pin-up* de ensueño. De todos modos, esta suerte suele conllevar una pequeña obligación: debes sujetar tu pecho. Piensa en dar algo más de anchura a los tirantes para ganar comodidad. Elige más bien modelos con aros, sin espuma, pues no necesitas añadir nada para potenciar tu escote.

A veces pasa que una mujer asume mal su silueta de *pin-up*, sobre todo durante la adolescencia. En este caso, un sujetador top tipo deportivo y que eleve el busto perfilará el pecho, o bien una forma «mini-miser», que tiene la ventaja de disminuir sensiblemente el volumen de los senos.

Pecho voluminoso y constitución corpulenta Por encima de 100

Es preciso elegir modelos con tirantes anchos, que eleven los senos, a fin de marcar verdaderamente una diferencia entre el tórax y el pecho. Opta por los sujetadores con aros, sin privarte del balconet, pues también puedes potenciar tu escote. Evidentemente, evita los modelos blandos que no sujetan nada. También es aconsejable dormir con sujetador, para que el pecho se sostenga por la noche.

A partir del 100, es más difícil encontrar sujetadores de fantasía. Esta dificultad debería ir disminuyendo poco a poco, pues las chicas cada vez tienen el pecho más voluminoso. Se alimentan mejor, hacen más deporte y sus senos crecen... para mayor placer de las casas de lencería, que trabajan en nuevos modelos para contentar a esta clientela.

Como una marquesa

Esta noche quieres estar tan apetecible como Penélope Cruz vestida de época en una película. Para lograr un efecto de busto

realzado, a la manera de las damas de la corte de Versalles, es preciso comprimir los senos. Para ello, usa un sujetador de una talla de copa inferior a la tuya. De manera más prosaica, siempre es juicioso tener dos tallas de sujetador en el armario, pues el pecho se hincha a menudo durante la menstruación.

Comodidad

Si tu escote está escondido, opta por una forma clásica, que sujete bien el pecho, o un sujetador sin costuras en la copa, bajo un jersey ceñido.

Cuidado con el cuello de pico

Desconfía de los escotes profundos de pico, o en V, que dan un efecto de senos caídos.

El escote más halagador es redondo, como los maillots de las bailarinas.

Tirantes al aire

Si los tirantes de tu sujetador se ven por fuera de tu vestido sin tirantes, elige un

CUIDADO CON EL BRONCEADO

Sea cual sea tu tamaño de copa, debes saber preservar tu escote. También debes evitar un bronceado excesivo, que provoca arrugas entre los senos.

modelo bonito. Piensa también en ajustar bien la longitud de los mismos.

Transparencia

Una blusa transparente es bonita... si se lleva sin barriga. En caso contrario, lo que se verá es tu «michelín», y no los encajes de tu sujetador. En este caso, opta más bien por un body sujetador que ceñirá los excesos de la barriga. También es muy práctico si lo llevas directamente bajo el traje chaqueta.

Nueve meses

Si estás embarazada tienes que renovar tus sujetadores cada tres meses para seguir la progresión de tu pecho. Si tienes poco pecho, es el momento de lucirlo y de mostrar escotes vertiginosos.

El sujetador top sin aros

El sujetador top sin aros ni corchetes, reservado a los pechos medianos y pequeños, tiene un lado estival y fresco; se asemeja un poco a la parte alta de un traje

BOMBA

El «push-up» debe evitarse bajo un jersey ceñido, a menos que se asuma el papel de bomba sexual. En cambio, si llevas la camisa abierta en el nacimiento del pecho, ¿por qué no ponerse este modelo?

de baño. Es bastante asexuado, y se lleva de día bajo una camisa abierta sin dar una impresión de provocación.

Probar todas las prendas

Cuidado con los motivos (florecillas o corazones) que podrían molestarte bajo vestidos transparentes, o ciertos encajes demasiado gruesos que se marcan bajo un jersey ceñido. Las prendas de lencería deben probarse; cuando te pones un sujetador en

el probador, no te contentes con examinar la prenda por todos los lados. También debes ponerte un jersey encima, pues en general no te pasearás vestida tan sólo con el sostén.

Piensa asimismo en mirarte de perfil. A veces, la prueba resulta satisfactoria de frente, pero es menos concluyente cuando te giras. En este momento te das cuenta de que un determinado modelo corta el seno en dos o no te sienta bien bajo un jersey.

Cuidado también con el sujetador con un relleno excesivo, que hace bultos bajo el jersey.

De todos los materiales

Hoy en día, los materiales conjugan la comodidad, la elegancia y la facilidad de mantenimiento. El encaje es de poliamida-lycra, o de microfibras. Las materias lisas, de aspecto aterciopelado, algodón o seda, también son de microfibras. Para el verano y las pieles sensibles, el algodón sigue siendo válido, pero ahora existe en mezcla íntima con lycra.

El encaje y el tejido liso dan una impresión diferente. Un sujetador invisible debe elegirse liso, si es posible de color carne, a fin de que constituya realmente una segunda piel. En cuanto a los colores existe una gran variedad, desde los pasteles y las fantasías hasta las gamas más estivales. En efecto, como sucede con otras prendas, existen colores de verano y de invierno; los tonos vivos combinan con el verano y el bronceado, y los más sombríos van bien para el invierno.

Las bragas

Existen cuatro formas a elegir según tu atuendo:

• la braguita clásica que abarca las nalgas, la más confortable;

• el tanga, una braguita abierta en los muslos que presenta un triángulo delante y un mínimo de tela detrás. Es el modelo más sexy, que potencia el valor del cuerpo al alargar las piernas.

• la minibraguita, la más discreta, que debe ponerse bajo vestidos ceñidos para evitar una marca delatora;

• el boxer-short, muy apreciado por las deportistas y las adolescentes, sobre todo

con la marca en la goma elástica. Combina bien con el sujetador top sin aros.

Uno o dos de estos modelos de braguitas suelen estar disponibles para combinarse con un sujetador.

Hoy en día la tendencia vuelve a ser la cintura baja para las braguitas, mientras que desde hacía tiempo la moda era de cintura alta y bien abiertas en los muslos.

RELIEVE

A causa del relieve, unas braguitas de encaje siempre se verán más que unas lisas. Todo depende, evidentemente, del grosor de los vestidos. Es más raro que se adivinen unas bragas en una estación de esquí que en verano. Si te molesta la florecilla y el nudito, sácalos; en general su función es la de ocultar un pequeño acabado.

¿Cómo comprar bien?

Cuando compres un conjunto de lencería tienes que probarlo siempre, aunque debas ponerte las braguitas sobre el panty. Si bien el conjunto suele ser una compra por gusto, no sucede lo mismo con las bragas solas; se consideran más bien como una prenda práctica, como los calcetines en el caso de los hombres.

De todos modos, es preciso prestar atención al corte y al material: si se meten entre las nalgas, si pican, pueden fastidiarte el día. Las braguitas deben ser confortables, cortadas en un material suave y extensible. Es juicioso adquirir una talla más grande para que no nos aprieten y no aparezcan marcas, detalles que se deben tener en mente a la hora de comprar. Es verdad que solemos gastar menos con unas braguitas. Como no las probamos, nos arriesgamos a equivocarnos y a no ponérnoslas nunca. Así que si un modelo te va bien, compra varios ejemplares.

Algunas mujeres han resuelto la cuestión de las pruebas: no llevan bragas bajo los pantys; por esta razón, algunas de estas prendas llevan una pieza de algodón entre las piernas.

Debes saber que las españolas tienen la reputación de comprar pocas bragas, pero de adquirirlas de calidad. Las mayores consumidoras están entre los 15 y los 25 años, seguidas de las de entre 35 y 50 años. ¿Pero qué hacen las que tienen entre 25 y 35?

MÁGICAS

Las braguitas que realzan las nalgas están provistas de una parte más elástica que eleva y tensa las nalgas hacia arriba. Estas braguitas, que se suman a la familia de los pantys de contención y de vientre liso, dan un poder de seducción suplementario y arreglan la silueta, siempre que se pongan bien.

Las copias

Debido a mi condición de creadora, el principio de la copia me choca. Cuando soñamos con un modelo inaccesible, con uno de los *must* del año, totalmente inabordable, es mejor inspirarse en el mismo que intentar hacerse una copia pálida de éste. Es preferible intentar salvar la dificultad: busca en tu armario algo que se parezca al objeto de tu deseo y arréglatelas con lo que tengas en tu almacén personal.

También puedes encontrar otras tiendas menos caras que se inspiran a su vez en este *must*. Suelen proponer variaciones simpáticas sin caer en la copia descarada.

De todos modos, siempre resultará humillante encontrarse vestida con la copia en una velada en la que se halla presente el original. La copia siempre será inferior, pues no será de la misma tela ni tendrá los mismos acabados. Mejor variar un poco y pensar que los dictados de la moda son más flexibles que antes. Al final se acababa con el modelo único, que debía llevarse so pena de quedar deshonrada, como los pantalones de pata de elefante o la falda pantalón de hace treinta años. Así que es inútil imponerte unas obligaciones que ya no sientes necesarias. Puedes ir de largo, de corto, ancha, ceñida... siempre habrá algo a tu gusto y de tu talla. Aunque siga siendo una lástima no poder llevar la última creación de Prada.

La modista

Cada vez resulta más raro recurrir a una modista. En primer lugar, las mejores no se suelen anunciar, y sus direcciones se transmiten de boca a oreja. Además, suelen ser menos frecuentes en las capitales que en las provincias. Los precios reducidos del *prêt-à-porter* han hecho desaparecer poco a poco este oficio. En cualquier caso, aún se las solicita para los vestidos de gala, para coser las telas que se han traído de las vacaciones o para transformar un vestido, o adaptar en el mismo un motivo antiguo. Cuidado: esta operación a veces puede resultar más cara que comprar un vestido nuevo. En cambio, si pasas tus vacaciones en el extranjero, a lo

EL BOTÓN QUE LO CAMBIA TODO

Cambiar los botones puede transformar por completo una chaqueta, darle un nuevo look. Estas labores de aguja son de una simplicidad absoluta y las pueden hacer incluso las más torpes.

171

mejor puedes tener la oportunidad de que te hagan un ejemplar triple de tu camisa preferida.

Pensamos en la modista sobre todo al hablar de los vestidos de novia. Se trata de tener una idea original y singular, y de no pedirle que copie un modelo que hemos visto en una gran *boutique*. Podrías sufrir una amarga decepción, pues la tela será menos suntuosa que la del modelo, y los acabados diferentes. Además, no dispondrás ni de los encajes ni de las perlas fabricadas en exclusiva para tal modisto o tal otro. Con la desaparición de las mercerías, estos pequeños tesoros son casi imposibles de encontrar o, al menos, no vendrán del mismo proveedor que el de la gran marca.

Las modistas aficionadas se han convertido en una especie rara. Antes, toda mujer que se preciara sabía coser. Era imposible imaginar un ama de casa incapaz de manejar la aguja. Eso ha terminado; en primer lugar las mujeres ya no tienen tiempo y, además, los vestidos son más baratos. Se tiran los calcetines agujereados sin planteárselo dos veces, sin pensar en las generaciones de modistas que han zurcido millones de talones. Coser un botón o hacerle la vuelta a un pantalón se ha convertido ya en un problema existencial. Hacerse vestidos raya en lo inimaginable, salvo en el caso de las jóvenes que salen de las escuelas de moda y tienen las ganas y el don de crearse modelos originales.

Sin aportar un toque de imaginación o de creatividad, no sirve para nada iniciarse en la costura. Es más práctico y rápido empujar la puerta de una tienda.

Cuarta
parte

*Para quitar corpulencia
a una prenda, puedes
sustituir las hombreras
cuadradas por
hombreras redondas.
Una línea curva
suaviza la silueta, igual
que un cuello redondo o
una camisa larga con
la parte baja
redondeada.*

A la medida

Te daré ahora unos cuantos consejos sobre medidas, para cada tipo de complexión. Te reconocerás a través de tus defectos y tus «ventajas». Se trata de un repaso de la cabeza a los pies para no cometer errores y para que seas la más bella del baile... o incluso de la oficina.

De la cabeza a los pies

El cuello

Tienes el cuello largo

Te puedes permitir los cuellos redondos, los cuellos de cisne o las camisas con grandes cuellos.

Un cuello largo siempre es gracioso y elegante. Puedes potenciar esta baza alargándolo más, con un jersey de cuello de

pico. En cambio, si tu cuello largo te molesta, evita este tipo de jerséis.

Tienes el cuello corto

Opta por un escote de pico, que alarga el cuello.

Tienes el cuello ancho

Sí: cuello de cisne oscuro, collarines largos, cuello de puntas largas.

No: las gargantillas, los cuellos de puntas redondeadas.

Lo mejor: despeja el cuello para dar una perspectiva y enseñar más piel.

No tienes cuello

Sí: un cuello bufanda bastante fino, una chaqueta con cuello de americana.

No: el cuello chino que aprieta, el pañuelo que aplasta, el cuello grueso que envara, el peinado demasiado corto que despeja la nuca o los cabellos largos que hinchan. Prescinde del cuello *claudine* y de los pendientes largos.

Lo mejor: intenta siempre desplazar el centro de gravedad hacia abajo, en lugar de atraer la atención hacia el cuello, disimulándolo con cuellos apretados.

El peinado

Unos cabellos ni largos ni cortos pueden resultar molestos en invierno, pues tienen una mala caída, se arremolinan sobre el cuello del abrigo y pueden dar la impresión de que vas mal peinada. Por ello, es preferible elegir un corte más corto para los días fríos. Además, el pelo corto o recogido tiene una caída más bonita sobre un cuello alto.

El pelo corto combina con todo y es encantador con un atuendo muy femenino. Permite contrastes interesantes.

Cabellos muy rizados

Evita los cuellos altos.

Cabellos largos

Levántalos a veces en la nuca o péinate regularmente.

Los hombros

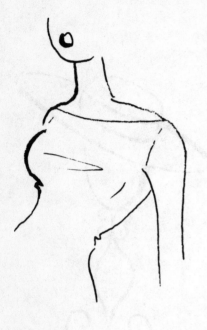

Hombros caídos

Sí: los jerséis gruesos, las chaquetas con hombreras, el cuello barco.

No: las sisas americanas que acentúan la caída, las sisas raglán, el chal, el cuello redondo.

Lo mejor: potencia las prendas con hombreras y haz trampas aplicando hombreras en los tirantes del sujetador para darte mayor aplomo.

Hombros rectos

Todo te va bien, todas las formas, hasta las más difíciles de llevar, como el cuello alto sin doblar o la sisa americana.

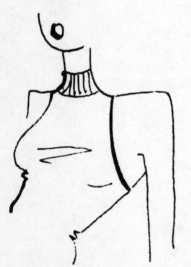

Hombros robustos

Sí: los escotes de pico, las líneas verticales, las piezas tipo pechera que reducen el busto, los cuellos bufanda y los cuellos de americana en punta.

No: las sisas americanas, las mangas

globo, los pliegues en las caderas, los escotes anchos, las rayas horizontales, los hombros desnudos.

Hombros redondos

Si eres más bien redondita por todas partes, avanza tus hombros: son apetitosos, así que juega con tu escote.

Sí: los hombros desnudos, las camisetas con cuello de bailarina o el escote asimétrico si tu pecho no es abundante.

Lo mejor: por la noche, sácate la chaqueta; de día, despeja el cuello.

El pecho

Senos pequeños

O bien asumes el lado andrógino, o bien rellenas. En cualquier caso, vestirte no es difícil.

Sí: el vestido sin mangas con sisas anchas o la chaqueta de jersey larga y con escote, ceñida, optando por el look adolescente, el

PRESCINDE DE LAS HOMBRERAS

Las hombreras te harán parecer una mujer agresiva, una ambiciosa de los años ochenta. Si te tienta la suavidad, sácate las hombreras y elige un estilo más suelto.

vestido de noche con gran escote en la espalda, porque, obviamente, no necesitas llevar sujetador, la camisa abierta bajo una americana.

No: el escote de pico, que no es estético sin el surco entre los senos, el escote recto que aplasta.

Lo mejor: es preferible jugar al estilo Kate Moss que intentar parecerse a Jane Mansfield.

Senos generosos

Sí: jugar a la *pin-up* llevando ropa ceñida, con la cintura bien apretada, si es estrecha. O disimular el pecho con una camisa de hombre con el cuello abierto, llevar prendas superiores más oscuras que las inferiores, una prenda de corte envolvente o un escote de pico, un cinturón en posición baja, una americana recta con dos hileras de botones, tipo blazer.

No: las sisas americanas, el escote recto que aplasta, el cinturón ancho para evitar que los senos «caigan» encima, los tejidos gruesos que dan volumen, como el mohair o la lana rizada, el cuello cerrado, los contrastes de colores vivos entre las partes superior e inferior.

Lo mejor: si tienes un pecho bonito, enséñalo. Pero conserva una proporción adecuada entre los senos y las caderas para evitar que parezca que el pecho te llega a la cintura.

Los brazos

Brazos delgados

Sí: el vestido sin mangas, las mangas cortas, las mangas transparentes.

No: las hombreras bajo la camisa, las mangas globo.

Brazos fuertes

Sí: las mangas flotantes o arremangadas, el juego con camisas de velo de lino, de algodón o muselina.

No: las mangas cortas que cortan el brazo, los vestidos sin mangas, los tatuajes que atraen la atención.

La cintura

Cintura gruesa

Sí: los cinturones en posición baja en prendas holgadas, la chaqueta larga, el vestido, la túnica.

No: los cinturones apretados que realzan la cintura, las prendas ceñidas, el jersey de canalé, las chaquetas cortas, las toreras o spencers, las camisas con faldones, las blusas dentro del pantalón, la falda recta, la cintura alta, el pantalón ceñido.

Lo mejor: crear una anchura por encima y por debajo de la cintura eligiendo vestidos holgados, por ejemplo una chaqueta ancha que flote sobre la cintura.

Cintura poco marcada

Sí: el pantalón ancho y la chaqueta de buena anchura de hombros, la camisa masculina dentro del pantalón, y generalmente todos los vestidos holgados.

No: el cinturón ancho en la cintura, el pantalón o la falda de cintura alta.

Lo mejor: opta por lo holgado y lo ancho, tanto arriba como abajo, para dar la impresión de que la cintura es más fina.

Las caderas

Caderas anchas y cintura delgada

Sí: los pantalones de cintura alta, tipo torero, el vestido ceñido, siempre que se asuma el papel «mujer-mujer», la blusa sobre el sujetador top sin aros, la torera, el spencer, el vestido sin mangas, la chaqueta corta.

No: las rayas horizontales, la falda plisada, la cintura baja.

Lo mejor: apostar por la cintura, potenciándola.

Caderas anchas y cintura gruesa

Sí: las rayas verticales, más abiertas hacia abajo, las hombreras que dan robustez para reequilibrar la silueta, la chaqueta holgada larga, la falda trapecio que adelgaza las piernas.

No: las rayas horizontales, las faldas y vestidos rectos ceñidos, los colores claros, la falda plisada, los cortes al biés, el pantalón ceñido, la falda corta que forma un cubo, la americana de un botón.

Los muslos

Muslos fuertes (cartucheras)

Sí: la camisa larga, abierta si tienes el vientre liso, el cárdigan, la túnica que oculta las redondeces, el pantalón de montar que, a pesar de su reputación, es perfecto para disimular las cartucheras.

No: la forma ajustada y ceñida, los pantalones stretch, las mallas.

Lo mejor: anudarse en torno a las caderas un chal en invierno y un jersey en verano sobre un vestido o un pantalón.

Muslos delgados

Sí: el short en verano, el pantalón ceñido, la minifalda.

No: todavía no se me ocurre nada...

El trasero

Nalgas planas

Sí: el pantalón de pinzas, el cinturón en la cintura.

No: los vestidos ajustados, los motivos decorativos en las nalgas o los pantalones con bolsillos, la ropa ceñida, el cinturón de cintura baja.

Nalgas redondas

Sí: la cintura alta, la chaqueta o el vestido en forma «Imperio», las formas anchas de chaquetas, faldas o pantalones.

No: el traje chaqueta o el pantalón ceñido, las piezas añadidas en torno a las caderas, el vestido ajustado, la falda plisada o ancha para evitar dar un volumen suplementario al trasero, la chaqueta con una abertura por detrás.

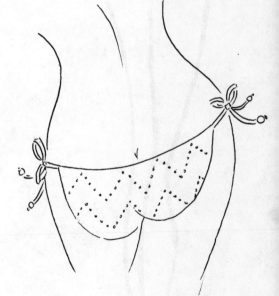

Las rodillas

¿Tienes las rodillas bonitas? Es raro, así que enséñalas, abusa de las faldas cortas y

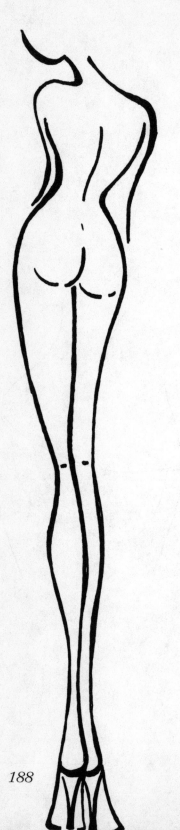

de las medias transparentes. En verano, insiste en el short corto.

Las piernas

Piernas delgadas

Te lo puedes permitir todo, a menos que tengas unas piernas esqueléticas, que será mejor ocultar bajo el pantalón.

Piernas gruesas

Sí: las faldas largas, el pantalón, los zapatos grandes, los tacones gruesos altos o las plataformas que afinan las piernas, las medias opacas y oscuras.

No: las prendas cortas, las medias color carne o fantasía, los botines, los zapatos claros, el tacón de aguja, demasiado fino, desproporcionado con una pierna robusta.

Lo mejor: las faldas hasta el tobillo.

Los pies

¡Deben cuidarse con todo el cariño, pues son muy útiles! Piensa en visitar al podólogo con regularidad para evitar el talón rojo y la piel seca. Para llevar zapatos altos o sandalias son indispensables los pies bien cuidados.

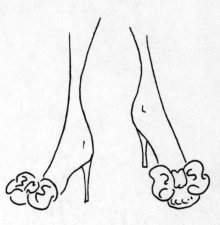

Sandalias: llévalas con un vestido de noche, previendo medias sin costuras en la punta del pie o en el talón.

Chinelas: combínalas con lo que quieras, están de moda.

Zapatos planos: llévalos con prendas largas o muy cortas, y evita ponértelos con una falda hasta la mitad de la pantorrilla, pues acorta la pierna.

El escarpín: perfecto con un vestido o una falda corta. En cambio, es demasiado cerrado para un vestido de noche.

Zapatos de plataforma: van de maravilla con pantalones pitillo, pero no tanto con los pantalones anchos, pues otorgan pesadez a la silueta.

El talón pequeño y fino: es bonito y cómodo de llevar con ropa corta o larga, tanto desenfadada como más formal y elegante.

Zapatos de cintas o de lazos: muy graciosos si tienes un tobillo fino.

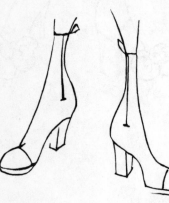

Botines: llévalos con medias opacas y una falda. Con medias transparentes, las pantorrillas deberían ser perfectas.

Botas: con pantalones.

Zapatos de montaña: guárdalos para los fines de semana o las vacaciones, debajo de un pantalón o con una falda larga. En este caso, puedes ponerte calcetines cortos bajo las medias, como un accesorio.

EVITAR

- *Los tacones de aguja con unas mallas o un tejano.*
- *Los mocasines blandos con medias finas de color carne.*

BAJITA Y MENUDA:

A veces es difícil vestirse, pues una no encuentra siempre la talla que conviene a su cuerpecito. Como eres un modelo reducido, perfectamente proporcionado, puedes llevarlo todo siempre que encuentres ropa a tu medida.

Sí: los materiales que alargan, el cuello bufanda, la trinchera. El juego de superposiciones, el pantalón ancho con tacones altos, el pantalón pirata, la falda larga o corta, el jersey tipo marinero, la chaqueta corta.

No: las prendas de piel, los abrigos que envaran, los cuellos grandes y anchos, el mohair, las rayas gruesas, la falda a media pantorrilla, las sisas anchas.

Todas las prendas gruesas aplastan aún más a una mujer menuda. Evita también cortar la silueta; es preferible un vestido que un conjunto jersey-falda, y no abuses de los contrastes de colores.

Lo mejor: vestirse ceñida con materiales finos que potencien tu aspecto menudo.

Piensa en ir de compras a tiendas para niños; puedes encontrar prendas básicas, nada caras, para 12 o 14 años.

34-36, MENOS DE 1,60 M

Desenfadada: una americana corta sobre un pantalón pitillo, y zapatillas de bailarina en los pies. Puedes prescindir de la americana y sustituirla por un cárdigan o un conjunto jersey-chaqueta. Puedes sofisticar este atuendo simplemente llevando sandalias con tacón.

Cita de trabajo: americana corta entallada sobre falda recta por encima de la rodilla. Las dos prendas deben ser del mismo color, pues la homogeneidad alarga. Debajo, una camiseta de punto o de viscosa, y en verano un vestido sin mangas.

Sofisticada: falda larga hasta el tobillo con una camiseta transparente y un chaleco entallado sin mangas.

Juvenil: una minifalda subrayada por un jerseicito o una camisa entallada flotando por encima.

De noche: vestido-combinación largo y holgado, con una chaqueta corta.

Fuera: una trinchera de materia ligera anudada en la cintura, llevada sobre una falda 7 u 8 centímetros más larga. Si eres friolera, elige un abrigo holgado y largo pero de talla pequeña.

BAJITA Y REDONDITA:

Potencia ante todo la longitud, que alarga la silueta, y elige materias fluidas. Evita lo demasiado ancho o lo demasiado ceñido.

Sí: la chaqueta desabrochada que se mueve a lo largo del cuerpo sin envarar, el pantalón de hombre con pinzas, el conjunto jersey-chaqueta, el traje chaqueta con pantalón, la falda larga en forma de trapecio, el cuello chimenea para alargar y afinar a la vez.

En verano, juega con la camisa ancha o la gran camiseta sobre un pantalón. Lleva un bolsito de superficie lisa y zapatos de plataforma o planos.

No: las mallas, el jersey grueso, el pantalón pitillo que hace resaltar aún más la pierna, la falda recta, las rayas horizontales, los vestidos que cortan la silueta, el vestido hasta la rodilla, el cinturón, las joyas grandes desproporcionadas, el bolso lleno, que da la sensación de mayor volumen en general.

Lo mejor: en verano, lleva camisetas de mangas largas y dóblalas; es más elegante que las mangas cortas. Juega también con los accesorios, como un hermoso broche como cierre del escote, pendientes largos y accesorios para la cabeza.

Si llevas una pelliza en invierno, elige un estampado vertical o de rombos, y no horizontal.

MÁS DE 40, MENOS DE 1,60 M

Desenfadada: una gran camisa de hombre sobre un vestido largo holgado.

Cita de trabajo: un pantalón de pinzas, más bien ancho, con un jersey muy fino por dentro. El atuendo se puede completar con una americana larga recta que oculte el trasero.

Sofisticada: una túnica o una camisa fluida con una falda larga o un pantalón ancho.

Juvenil: jersey brillante o túnica estampada sobre un pantalón, con unos centímetros de más gracias a los zapatos de plataforma.

De noche: un vestido largo con una camisa grande de muselina, con botines en los pies.

Fuera: un abrigo largo y oscuro y botines para trotar o zapatos de plataforma cuando el tiempo es algo más clemente.

MEDIANA:

Formas parte de la mayoría de las mujeres latinas. Si te consideras bajita, inspírate en los modelos reducidos para alargar más tu silueta. Si te encuentras alta, te lo puedes permitir todo.

Sí: el traje chaqueta con falda recta, el abrigo corto, el pantalón pitillo o ancho, el abrigo con cuello de piel.

No: los cuellos anchos y los abrigos de piel, que les van mejor a las mujeres muy altas, el traje chaqueta con hombreras, que aplasta.

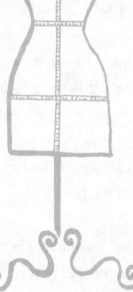

38-40, 1,60 M - 1,65 M

Desenfadada: conjunto jersey-chaqueta con pantalón ancho, debajo de una cazadora tejana.

Cita de trabajo: una americana sobre una falda de pliegues pequeños, que baila por encima de la rodilla.

Sofisticada: un abrigo corto y fino sobre un vestido a juego.

Juvenil: un pantalón pitillo de cintura baja con un jersey de canalé dentro del pantalón. Si te encuentras rellenita, sustituye el jersey de canalé por una túnica que cubra más. Si estás muy delgada, atrévete con la túnica de color sobre una minifalda negra.

De noche: un vestido-combinación corto de color, con medias negras transparentes y escarpines. Llévalo con una chaqueta bordada.

Fuera: un abrigo corto o una trinchera sobre un vestido trapecio.

ALTA Y DELGADA:

Posees el tipo ideal, que envidian tus compañeras que miden una o dos cabezas menos que tú. Siempre que asumas tu talla que, a menudo, durante la adolescencia se considera un handicap. Pero ahora, aprovéchate de ella: eres la única que puedes llevar elegantemente grandes abrigos hasta las pantorrillas, materias gruesas, las pieles de imitación. Todo lo que ves en las revistas está destinado a ti.

Sí: las transparencias, las longitudes por debajo de la rodilla, el vestido-combinación, las formas ceñidas, las superposiciones, el pantalón de pirata, la minifalda con botas.

Si realmente tus centímetros te molestan, adopta el jersey holgado, los zapatos planos o las zapatillas deportivas. Los vestidos anchos achican la silueta.

38-40, MÁS DE 1,70 M

Desenfadada: prenda superior sin mangas o cárdigan más formal sobre un pantalón de pirata, y zapatillas de bailarina en los pies.

Cita de trabajo: traje chaqueta con americana masculina y minifalda, body ceñido y medias opacas, botas o escarpines para completar el atuendo.

Sofisticada: pantalón holgado de cintura baja con una prenda superior de tipo lencería, bajo una chaqueta blanda. En los pies, babuchas muy altas.

Juvenil: pantalón corto y ancho de cintura baja, que deje ver por arriba la cinturilla elástica de las bragas y el jersey mini con el ombligo al aire.

De noche: superposición de vestidos transparentes con sandalias de tacón.

Fuera: gran abrigo de piel o pelliza larga, con botas de temporada.

ALTA Y CORPULENTA:

Has crecido a lo alto y a lo ancho. Juega con tu complexión y oculta tus complejos.

Sí: lo largo que alarga para restablecer un equilibrio con tu corpulencia, el abrigo fluido y largo, el cuello largo, el vestido, los tacones anchos o de plataforma, las rayas longitudinales, los juegos de color con blancos y beiges, el gris y los colores oscuros, el traje chaqueta con americana larga, la camisa ancha sobre vestido sin mangas, la falda hasta la rodilla o a media pantorrilla, las sisas holgadas.

No: cortar la cintura con un contraste de colores, los tacones de aguja, los colores vivos, el spencer, lo corto aunque tengas piernas delgadas, pues parecerán un par de cañas bajo un cubo, el vestido sin mangas, las sisas estrechas.

Lo mejor: si tienes piernas bonitas, lleva una falda larga abierta.

40-42, MÁS DE 1,70 M

Desenfadada: chaqueta sobre falda larga con mocasines.

Cita de trabajo: un traje de hombre con zapatos planos.

Sofisticada: polo largo de felpilla o viscosa sobre falda larga, con botines.

Juvenil: peto de pana con zapatillas-bota deportivas, camiseta ceñida o body bajo un gran cárdigan de punto.

De noche: vestido largo abierto bajo chaqueta de esmoquin y zapatos de plataforma.

Fuera: un abrigo de piel cardado si hace mucho frío, un abrigo ancho hasta las pantorrillas para los inviernos suaves o un gabán de color para las brisas marinas.

¿Qué envejece diez años?

- Una falda que llega justo bajo la rodilla.
- Una chaqueta con doble hilera de botones y manga corta, a juego con una falda recta.
- Jugar a los años ochenta con una americana con hombreras muy cuadradas.
- Abrocharse, envararse, enfajarse.

¿Qué rejuvenece diez años?

- Un pantalón pitillo.
- Un jersey ceñido dentro del pantalón sin cinturón.
- Zapatillas de bailarina, mocasines o zapatillas-bota deportivas, que dan un aire juvenil.
- Un vestido-combinación bajo un cárdigan, si te atreves.
- Un conjunto jersey-chaqueta estrecho.
- Un vestido con tirantes finos (siempre que lleves un sujetador sin tirantes).
- Una americana llevada sobre la piel o directamente sobre la lencería.

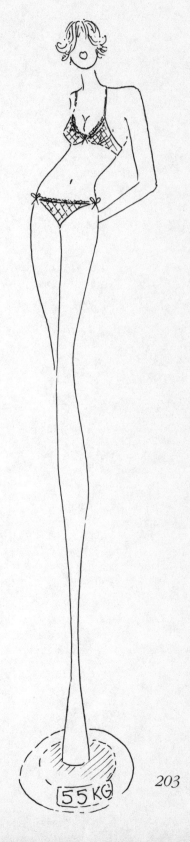

- Una camisa flotando fuera del pantalón.
- Un traje de hombre.
- Una camiseta bonita, tipo lencería.
- Prendas abiertas.
- Las mangas dobladas.

Cuidado con las maniquíes

No te fíes de los modelos que llevan las maniquíes en las revistas de moda: miden al menos 1,75 m y suelen llevar 10 cm de tacón de más. Así que acaban midiendo 1,85 m aproximadamente. Sus piernas miden más de 1 m. (Por otra parte, a menudo tienen menos de 20 años...)

Cánones actuales

Talla: 1,75 m.
Pecho: 85-90 cm.
Contorno de cintura: 56 a 62 cm.
Contorno de caderas: 88 a 92 cm.
Peso: 50 a 55 kg.

Un vientre para dos

¿Estás embarazada? No ocultes tu vientre; lleva un pantalón pitillo y un jersey o un vestido ceñido bajo una camisa grande.

• Evidentemente, si has engordado de otras partes, por ejemplo del trasero y los muslos, es preferible disimular este exceso.

• Para tu comodidad, ponte zapatos planos o de plataforma.

• Si por primera vez dispones, al fin, de un pecho abundante, juega con los escotes.

• Evita comprar ropa especial, y combínate con pantalones de cintura elástica o con cordón de ajuste en la cinturilla, camisas grandes, túnicas, una trinchera con doble hilera de botones, que a continuación se convertirá en prenda de hilera simple. En invierno, puedes comprarte una pelliza, que te servirá luego, o bien tomar prestada la de tu compañero, así como sus chaquetas y americanas; es la solución más económica.

• Piensa en comprar medias muy grandes para que no te corten el vientre.

• Evita las materias demasiado finas, pues el ombligo hace un bulto, y los vestidos tipo sayal.

• Adopta materias suaves, pues todo te rascará.

• Para variar e iluminar tus prendas, anúdate un chal alrededor del vientre.

• Compra un camisón bonito y un albornoz para la clínica, o coge una chaqueta larga de pijama.

• Cuando vuelvas de la clínica es inútil que te precipites a las tiendas, aunque ya no tengas ganas de volver a ponerte los mismos vestidos. O bien comprarás ropa demasiado ancha y no podrás volver a ponértela cuando hayas perdido unos kilos, o la comprarás demasiado apretada y tendrás que esperar antes de llevar tus últimas adquisiciones. Si tienes ganas de cuidarte un poco, opta más bien por el maquillaje y los cuidados.

Conclusión

Cómo leer la moda

Atención, víctima de la moda

Es imposible confundirla: lleva un vestido transparente, está encaramada, con las piernas desnudas, sobre sandalias de vértigo, con el cuello apretado por una bufanda de piel de imitación: es la víctima de la moda, en la versión nuevo milenio. Se pela de frío en su vestido ultraligero, se tuerce los pies con sus tacones desmesurados, pero va totalmente a la moda, idéntica en todos los aspectos (salvo, a veces, en su físico) al modelo de las revistas. La víctima de la moda no descansa ni un minuto y se cree la tendencia del momento a pies juntillas. No es que la siga, sino que se la pone de la cabeza a los pies, vendería su alma por hacerse con una pieza

italiana, preferentemente Gucci o Prada, o bien con una prenda Calvin Klein.

La víctima de la moda colecciona signos de reconocimiento, que sólo perciben las iniciadas: el bolso Lady Di de Dior, el bolso Kelly de Hermès, los zapatos Gucci.

Para encontrar la felicidad, se prepara con todo cuidado. Compra antes que las otras, en agosto para el invierno, en febrero para el verano. A la que sale un modelo en tres o cuatro revistas, se lanza sobre este valor seguro. Sigue con atención los desfiles de moda para adelantarse a las tendencias.

Durante los años sesenta, se paseaba con un vestido Courrèges, por encima de las rodillas, y con botas blancas. Diez años más tarde, jugaba a ser contestataria con un pantalón de pata de elefante y túnica india. En su versión menos hippy, bailaba en la discoteca con blusa de cuello de punta y zapatos de plataforma, sin olvidar el short y el guardapolvo. La víctima de la moda de los años ochenta, agresiva, se presentaba con un traje chaqueta de hombros cuadrados, antes de desestructurarse, siguiendo la tendencia minimalista japonesa, a principios de los años noventa.

Peligro, imitación

Cuidado con querer parecerse a las fotos de las revistas: esta ropa la suelen llevar la mar de bien chicas muy jóvenes y hermosas. No basta con ponerse un vestido similar para parecerse a Cindy Crawford, aunque te pintes el lunar en la cara.

Estos atuendos admirados de las revistas deben adaptarse a tu silueta. Dichas revistas proponen un ideal femenino, imaginado por un creador, escenificado por una redactora de moda, fotografiado por el mejor profesional. No debes tomarte la foto al pie de la letra.

La prensa da ideas. Pero luego debes poder trasladarlas a tu físico y a tu modo de vida. Es admirable ver a una criatura de ensueño, que supere alegremente el 1,80 m, vestida con una falda larga de tejido arácneo, con los pies desnudos en sandalias vertiginosas. ¿Pero quién se atreve a salir a la calle sin medias en diciembre? En cambio, la misma falda puede combinarse con un jersey largo y transformarse en un atuendo accesible. Y sin duda lo llevarás con sandalias menos altas y con medias.

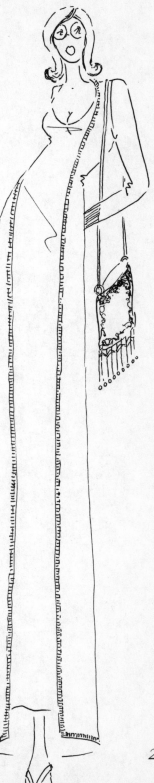

Hasta hace veinte o treinta años, las mujeres compraban basándose en fotos. Se vestían de la cabeza a los pies como en las revistas. Entonces una se vestía de «moda» o de «confección», dos países separados por una frontera invisible pero infranqueable. Entre ambos, no había nada. Y alrededor, nada de nada. Cada tendencia vivía en su mundo cerrado, sin comunicación alguna. La mujer del notario de provincias se vestía como una mujer de notario de provincias, y no había riesgo de confundirla con la secretaria de su marido. La burguesa se vestía con su uniforme de burguesa. La intelectual rehusaba arreglarse por temor a ser reconocida por otra cosa que no fuera su inteligencia. Y las mujeres de medios más modestos nunca se habrían imaginado que podrían llevar los mismos zapatos o el mismo pantalón que la mujer de su jefe.

Actualmente, las Nike se llevan tanto en los barrios elegantes como en los suburbios. La moda de la calle sigue a la de los creadores. Todo el mundo se viste en cierto modo de la misma manera, sólo varía la calidad. Más bien son los atuendos los que se adaptan a momentos distintos.

Hasta hace veinte años, las mujeres se quedaban en su casa durante la semana y se emperifollaban el fin de semana. Hoy, se arreglan durante la semana para ir a trabajar y no quieren por nada del mundo tener un aspecto afectado el domingo. Y ahora, el *casual Friday* (el atuendo más desenfadado que se usa en el trabajo los viernes) está ganando terreno.

La internacional de la moda

La diversidad de estilos y la globalización de la moda empezaron durante los años ochenta. La moda se volvió muy internacional, mientras que antes había estado muy compartimentada: se reconocía a primera vista a una italiana, a una española o a una inglesa. Hoy en día, la moda, como la música, es casi idéntica en todos los países. En las revistas de todo el planeta se pueden contemplar las sonrisas y los atributos de las mismas top models. En Buenos Aires, Barcelona, Nueva York y París, florecen las mismas campañas de publicidad. Los vestidos viajan a través del mundo, llevados por las «top» internacionales: ¿quién se acuerda hoy de que Claudia Schiffer nació en Alemania?

Pero las tendencias se superponen, el traje chaqueta Chanel se alterna con la ropa ultrasofisticada de Mugler o la provocación de Gaultier. Actualmente ya no existe norma. Se puede mezclar lo elegante con lo barato, siempre que se haga con imaginación. Llevar un bolso de valor con un tejano ya no es una extravagancia.

Hoy en día hay numerosas exigencias y estilos diferentes. Es preciso reconstruir para llegar a definir el estilo propio. Para ayudarse, ¿por qué no seleccionar una o dos revistas de referencia? Si eres clásica, te dirigirás a la revista de moda de *¡Hola!*; si eres una fanática de la moda, te lanzarás sobre *Vogue*; si eres muy contemporánea, preferirás *Elle* o *Marie-Claire*.

En efecto, hoy en día las mujeres tienen ganas de vestirse bien. La indiferencia hacia el aspecto físico, fingida o sincera, es ya una rareza, y ello sucede en todos los entornos. En la actualidad, la moda es vivaz, variada, ofrece múltiples posibilidades. Entonces, ¿por qué no la utilizas para ser tú misma?

Todo lo que puedes aprender para
potenciar tu encanto personal

SECRETOS

de una

EXPERTA

del

MUNDO

de la

MODA

ONIRO

Betty Halbreich

Sally Wadyka